大学·中庸

曾子　子思◎著

北方妇女儿童出版社

目录 CONTENTS

序

中华民族要实现伟大复兴，必须有凝聚力。凝聚力的基础是人民具有民族自尊心、自信心，而民族自尊心、自信心的根本来源于对民族文化优秀传统的明确认知。

值得欣慰的是，博大精深的中华传统文化，蕴含着丰富的精神资源。生生不已的变易之道，居安思危的忧患意识，富贵不淫、贫贱不移的大丈夫气概，民为邦本的政治哲学，正德、利用、厚生相统一的精神物质兼顾的文明观，等等，都是开启今人智慧、滋养今人心灵的营养。

为了适应全民阅读的需求，我们本着以弘扬传统文化、传承中华文明为宗旨，精心设计了这套深入浅出，今古相合，适合全民阅读和理解古代先贤智慧的《中华国学经典全民阅读书库》。

本书特点鲜明，以采用多视角、多元化、多维度的图解式为启动引擎，每册图书分为六大版块：阅读图解、观古阅今、辅导讲坛、原典新释、古韵体验和延伸阅读；通过这些版块，详细生动地从不同功用上对丛书之每一国学经典进行全方位的介绍，辅助读者理解古籍中生僻难解之处，有益于在古诗文学习上的理解和提高。

国学，作为一种历史、一种传统、一种文化、一种非物质文化遗产，它所蕴藏的经验、智慧和启示，穿越时空延展至今。我们用它来化解心灵的危机，解释当下的生存困境，救赎迷惘的灵魂。我们正处在现代化进程中，需要从古籍中发掘中华民族固有的传统文化基因作为促进社会进步的重要支撑点，这正是全民阅读国学重要性之所在。

国学流传了几千年，不腐更不会朽，它是清新而流动的活水，万古长青，生机盎然。有鉴于此，我们组织学术界的一流专家，编辑了这套图书，以飨读者。

编者

2015 年 3 月

阅读图解

Yue Du Tu Jie

大学·中庸

阅读结构图解

No.1

阅读图解：这部分内容用和谐的色彩和图形来对本书作者、历史影响等内容进行解读，简单、清晰、直观，有利于读者轻松把控和阅读本书。

No.2

观史阅今：这部分包括本书的历史传承、影响，以及本书的历史地位、作用、意义等内容，起到点睛之笔的作用，能够让读者做到对经典著作的深入和精细化阅读。

No.3

辅导讲坛：用简短、精炼的语言对每一篇的内容进行概括、总结，以期读者更加快速地从宏观角度掌握本书的主要内容。

No.5

古韵体验：用体验的方式阅读，具有亲历性和验证性，当把书籍的内容用在实际中，是活学活用，也是学以致用，《大学·中庸》对我们理政、经商、治学、教育等均有广泛用途，有针对性地用在实践中，是我们阅读的目的。

No.4

原典新释：选取和本书相关的人物、图书、影视以及经典的词句、思想等内容，以增加读者的文化积淀，拓宽视野，培育创造力。

No.6

延伸阅读：这部分内容包括原典、注释、译文和铭记链接，侧重对原典的正确解读，注释译文力求简明准确，链接知识紧扣文本，重在凸显原典主旨，弘扬传统文化。

阅读提纲图解

1.《大学》以其格物、致知、诚意、正心、修身、齐家、治国、平天下的思想，逐步跃升为“四书”之首、“帝王之学”，地位高于传统经典“五经”，极大地影响了许许多多的知识分子的思想和行为，被奉为人生治学之圭臬。

2. 中庸之道不仅是儒家的思想准则，而且在中国思想史上成为很多哲学流派的思想方法论，因而具有中国思想经典和世界观纲领的重要地位。

原文部分参照多家白话文本及诸家注、疏、笺、校本，文章经梳理后，以中国现代标点符号标明句读，以方便读者阅读。

中华国学 经典全民 阅读书库

总 纲

原文

古之欲明明德于天下者，先治其国；欲治其国者，先齐其家①；欲齐其家者，先修其身②；欲修其身者，先正其心；欲正其心者，先诚其意；欲诚其意者，先致其知③；致知在格物④。

注释

①先齐其家：齐，有治理之意。家，指家族。意为使家族齐心协力、和睦平安。

②修其身：指修养好自身的品德。

③先致其知：致，至。知，认识。先使认识达到明确。

④格物：推究事物的原理。据朱熹解释：“言欲致吾之知，在即物而穷其理也。”（《四书集注》）

注释部分是对古今异义(异音)、生僻、难解等词语进行注释，力求准确严谨，古今相通，简洁明白，便于读者阅读。

3.“正心、修身、齐家、治国、平天下”的人生理想与“穷则独善其身，达则兼济天下”的积极而达观的态度相互结合补充，几千年中影响始终不衰。

4. 中庸之道贯穿在宇宙万事万物规律之中，影响了中国文化思维和人们的处世行为，具有历久弥新的重要价值。不仅影响了东方文化，而且正在影响西方文化。

大学·中庸

译文

古时候，想要使美德显明于天下的人，先要治理好他的邦国；想要治理好自己邦国的人，先要整治好他的家族；想要整治好自己家族的人，先要努力提高自身的品德修养；想要提高自身品德修养的人，先要端正自己的内心；想要端正自己的内心，先要他自己意念诚实；想要自己意念诚实，先要达到认识明确；而达到认识明确的方法就在于推究事物的原理。

译文部分参考诸家注、疏、笺、校本，以现代白话的形式解说文言文原文，以帮助现代读者理解原文，明白其意思。

经典语录

1. 相传孟子是鲁国贵族孟孙氏的后裔，幼年丧父，家庭贫困，曾受业于子思的学生。

2. 知止而后有定，定而后能静，静而后能安，安而后能虑，虑而后能得。物有本末，事有终始。知所先后，则近道矣。

3. 物格而後知至。知至而後意诚。意诚而後心正。心正而後身修。身修 而後家齐。家齐而後国治。国治而後天下平。

4. 苟日新，日日新，又日新。

经典语录是对文章内涵的延伸，所选内容和名言都是本书中知名度最高、对后人启发最深刻的，能够拓展读者视野，加深读者记忆，提高阅读质量。

作者年谱图解

前 505 年 曾子出生。

前 490 年 十六岁的曾参拜孔子为师，他勤奋好学，颇得孔子真传。

前 484 年 子思出生。

前 482 年 孔子的高才弟子颜回病故，曾参成了孔子学说的主要继承人。

前 480 年 孔子亲以《大学》授曾参。

前 479 年 曾参二十七岁。是年，孔子卒，终年七十三岁。曾参若父丧而无服，守孔子墓。孔子临终将其孙子思托付于曾参。

前 468 年

曾参三十八岁。武城大夫聘曾参为宾师，设教于武城（今山东平邑城南 40 公里曾子山下）。

前 467 年

子思年十六，相传此时作《中庸》。

前 456 年

曾参五十岁。时齐聘以相，楚迎以令尹，晋迎以上卿，曾子皆不应命。

前 446 年

曾参六十岁。与子夏、段干木等设教于西河一带。

前 436 年

子思约四十八岁，居卫国，与卫君多有问答。

前 435 年

曾参去世，终年七十一岁。葬于嘉祥县南武山下。

前 402 年

子思约卒于此时，享年 82 岁。

作者生平

曾子（前505—前435），名参，字子舆，春秋末期著名思想家、教育家，鲁国南武城(山东平邑)人。十六岁拜孔子为师，勤奋好学，颇得孔子真传。积极推行儒家主张，传播儒家思想。他的修齐治平的政治观，省身、慎独的修养观，以孝为本的孝道观影响中国两千多年，至今仍具有极其宝贵的社会意义和实用价值，是当今建立和谐社会的丰富的思想道德修养资源。编《论语》、著《大学》、写《孝经》、著《曾子十篇》，后世尊奉为“宗圣”，是配享孔庙的四配之一。

曾子是儒家正统思想的正宗传人，他把孔子的思想和学问授给弟子，又将孔子的言行整理成《论语》，上承孔子之道，下开思孟学派，对孔子的思想一以贯之。曾子在儒学发展史乃至中华文化史上均占有重要的地位。鲁悼公三十二年(前435年)，曾子辞世，终年70岁，葬于山东嘉祥县满硐乡南武山山脚下。嘉祥建有曾子庙、曾林(曾子墓)。曾姓后裔均把曾参作为自己的开派祖。

子思：又称“子思子”。姓孔名伋，字子思，孔子的嫡孙、孔鲤的儿子。大约生于周敬王三十七年(公元前483年)，卒于周威烈王二十四年(公元前402年)，享年82岁。中国春秋时期著名的思想家。受教于孔子的高足曾参，孔子的思想学说由曾参传子思，子思的门人再传孟子。后人把子思、孟子并称为思孟学派，因而子思上承曾参，下启孟子，在孔孟“道统”的传承中有重要地位。《史记·孔子世家》记子思年六十二(当为八十二之误)，而生卒年则不详。按子思之父孔鲤死于孔子之前，子思的年代当跟孔子的年代相当。子思在儒家学派的发展史上占有重要的地位，他上承孔子中庸之学，下开孟子心性之论，并由此对宋代理学产生了重要而积极的影响。因此，北宋徽宗年间，子思被追封为“沂水侯”；元文宗至顺元年(1330年)，又被追封为“述圣公”，后人由此而尊他为“述圣”。

成书时间

《大学》，原是《小戴礼记》里一篇，旧说为曾子所作，当代很多学者认为实际是秦汉时的儒家作品，是讨论古代汉族教育理论的重要著作。在宋代以前，《大学》的地位并不是很突出，经北宋程颢、程颐竭力尊崇，南宋朱熹又作《大学章句》，《大学》遂成为儒家经典中重要的篇章，最终和《中庸》《论语》《孟子》并称“四书”。宋、元以后，《大学》成为学校官定的教科书和科举考试的必读书，对古代教育产生了极大的影响。《大学》的版本主要有两个体系：一是经朱熹编排整理，划分为经、传的《大学章句》本，为“四书”之一；一是按原有次序排列的古本，即《礼记》中的《大学》原文。

《中庸》一书最初并非独立成篇，而是作为《礼记》中的第31篇，一直未引起历代注疏家注意。秦始皇焚书坑儒后，儒家典籍丧失殆尽。西汉宣帝时，戴圣从秦汉以前各种礼仪论著中辑录了《礼记》49篇。《礼记》问世后，虽有人整理注释，但因主要是典章制度书籍，亦未能引人重视。直到唐代韩愈、李翱强调《大学》《中庸》是与《孟子》同样重要的“经书”，《中庸》才得到重视。

名家点评图解

程颐在《大学》的按语中首称“《大学》孔氏之遗书，而初学入德之门也。”

朱熹说：“于今可见古人为学次第者，独赖此篇之存，而《论》、《孟》次之。学者必由是而学焉，则庶几乎不差矣。”

叶适评论《大学》时说：意可形也，心可存也；在意为诚，在心为正，夫然后修其身，齐其家，以至于天下，而是书（指《大学》）既言之矣。致知格物在心、意之先，为大学之要，而是书不言焉。

宋朝临江黎立武著《中庸分章》说：“中庸之德至矣，而其义微矣。首章以性、命、道、教，明中庸之义；以戒惧谨独，明执中之道；以中和，明体用之一贯；以位育，明仁诚之极功。”

庞朴认为："中庸不仅是儒家学派的伦理学说，更是他们对待整个世界的一种看法，是他们处理事物的基本原则或方法论。"

南宋真德秀把《大学》视为"帝王为治之序，帝王为学之本"，其宗旨在"正君心，肃官闱，抑权幸"。他说"为人君者不可以不知《大学》，为人臣者不可以不知《大学》。为人君而不知《大学》，无以清出治之源；为人臣而不知《大学》，无以尽正君之法。"

《中庸》一书大抵是说"道"，而"'率性之谓道'一语专为训'道'名义"，中庸之"道"既有"道而非物"、与"物"不杂的特点，又有即物明道、体用一源的特色。

——饶鲁

宋理宗称《大学》为"备人君之轨范焉"。元武宗认为"治天下此一书足矣"。

大学·中庸
修身、齐家、治国、平天下。

观古阅今

Guan Gu Yue Jin

大学·中庸

《大学》《中庸》原本是《小戴礼记》中的第四十二篇和第三十一篇，篇幅都很小。但由于宋代以后它们在儒家思想发展史上的突出地位，后人对于它们的研究也就倾注了大量的心血。

《中庸》本来是《礼记》中的一篇，朱熹把它从《礼记》中选出来，《大学》也本为《小戴礼记》中的一篇，在唐宋之前和之后的命运是大不相同的。在唐宋之前，《大学》几乎埋没在儒家的典籍之海中，很少引起学者的注意，更没有被抽离出来单独刊行过。汉代学者对它的注解也仅仅是从《礼记》整书的角度来进行的，没有什么特别的地方。

东汉时，《礼记》摆脱了从属《仪礼》的地位而独立成书，并上升到“经”的地位，渐渐为士人所尊信和传习，这与大学者郑玄给它作注解有很大关系。

到中唐时，儒家日渐势微，道、佛大行于天下。部分儒家学者欲倡明儒学，延儒家香火，韩愈，柳宗元等为其中之杰出者。尤其是韩愈作《原道》，引《大学》“古之欲明明德于天下者，先治其国。欲治其国者，先齐其家；欲齐其家者，先修其身；欲修其身者，先正其心；欲正其心者，先诚其意”之说，以破佛老“治心而外天下国家”之非，合于儒家正统思想且合时势，令时人耳目一新。其后，李翱的《复性书》借《中庸》《易传》以解读《大学》，提出了《大学》具有深奥的性命旨趣的观点，打开了儒学研究的新路子。

及至宋代，《大学》逐渐被儒家学者重视，地位逐渐攀升。先是司马光撰《大学广义》一卷，并著《致知在格物论》一篇， 这是《大学》作为独立研究对象，并别出单行的开始。不久，张载即标举《大学》，称其“出于圣门，无可疑者”然视《大学》为圣人之学。程颢、程颐兄弟旋亦表彰之，称《大学》是“孔门教法，初学入德之门”，甚至说《大学》是“孔氏之遗书”，已经有了把《大学》抬高到与《论语》相似地位的态度了。

《大学》与《中庸》《论语》《孟子》定型化的历程中，宋代的朱熹无疑是最关键的人物。到了南宋时，朱熹对《大学》用功最勤，据记载，他十来岁就攻读“圣贤之学”，慨然发奋，日读《大学》《中庸》《论语》《孟子》无间断，以做“圣人”为志向。宋孝宗即位后，朱熹以《大学》一书中的“格物”“致知”“诚意”“正心”“修身治国平天下”思想对孝宗。朱熹称之为“帝王之学”。隆兴元年，朱熹“复召”以“格物致知”进说孝宗。绍熙三年壬子七月宁宗即位，朱熹进讲《大学》一月。朱熹在六十一岁时撰成《大学章句》，后复著《大学或问》《学庸详说》等书，甚至在死前一天，还在重新改写《大学·诚意章》。观朱熹一生，用功于《大学》几达六十年之久，功夫不可谓不深矣！其间，朱熹先于孝宗淳熙四年序定《大学章句》和《中庸章句》，又于淳熙九年在浙东提举任上，首次将“四书”合为一集刻于漳州，这是经学史上“四书”之名的首次出现。而后，朱熹又于庆元五年刻定《四书章句集注》，这是“四书”的最后定本。从中国思想史的角度看，朱熹精心编成四书，使四书系统的哲学获得了新的形态和生命，从而也使宋代理学的天道、性命、诚等超越性概念得以稳定和巩固，理学思想才真正系统化。在“四书”内部，朱熹以《大学》《论语》《孟子》《中庸》来排列先后，作为学习儒家思想的“入道之序”。这样，《大学》就在其“四书”学中占据了首要的地位。此举甚得时人推重，加之程朱理学影响日渐扩大，《大学》之声名亦日渐广播。

朱熹的再传弟子真德秀是南宋后期声望颇高的理学家和大臣，其思想基本上是祖述朱熹，其《大学衍义》一书最为重要。真德秀在《大学衍义》中认为其纲就是“帝王为治之序，帝王为学之本”，并把《大学》“壹是皆以修身为本”的主旨演绎为帝王治国平天下之学；他改变了原先的道德对话的主客体平等地位，演变为在下的主体臣子卑恭地向在上的客体帝王的进言。此说法正好符合当时封建皇权集中的需要，所以，宋理宗十分称赞，认为此书“备人君之轨范焉”。这本书对于确立程朱理学的官方地位无疑起了很大作用，也是后世帝王重视《大学》一书的重要原因。另一方面，理学能够成为官学，也与朝廷的重视与提拔有关。据《宋史·理宗本纪》记载，宋理宗于宝庆三年下诏“朕观朱熹集注《大学》《论语》《孟子》《中庸》，发挥圣贤蕴奥，有补治道。朕励志讲学，缅怀典型，可特赠朱熹太师，追封信公”。这是封建最高统治者首次如此褒崇朱熹及《四书集注》，为确定理学的统治地位奠定了不可动摇的基础。

到了元代，据史载，元皇庆三年所立考试程式中即规定，朱熹所注解的《大学》被规定为考试主要内容之一。《大学》的经典学术统治地位经科举考试而得以强化。明代，朱元璋力挺程朱理学，规定科举考试的题目和答案必以朱熹之注解为准绳，大体沿袭皇庆之制。后虽颁行《四书五经大全》，废弃注疏不用，然贯穿于《四书五经大全》中的是更为系统的程朱理学思想。乃至明代朝廷还每下诏文，斥责科举考试以及学校教育、学者著述中背离程朱理学的言论观点，如明人余继登的《典故纪闻》卷十七中曾纪录有嘉庆十七年一则诏书中说："今若有创为异说，诡道背理，非毁朱子者，许科道指名劾奏。"清代亦如是，学校教育与科举考试基本上是承袭明代制度。对于乖违程朱理学的人严加惩处，这一点可以从清代"文字狱"的严酷性得到说明。至此，《大学》在元、明、清三代国家政治推崇下，不仅成为官方意识形态之主要内容，更是士人必读之经书，儒者必读之经典，其地位和普及面更是远胜"五经"，影响深远。

辅导讲坛

Fu Dao Jiang Tan

大学·中庸

本书的阅读，以多视角，多元化，多维度为启动引擎，在阅读时从两个主体部分着眼，就会得到相得益彰的效果。

一、版块辅导

全书共分为六大版块：阅读图解、观史阅今、辅导讲坛、原典新释、古韵体验以及延伸阅读。

图形也是一种语言，但它比文字简练、直观、立体，同时也蕴含着丰富的信息。本书的阅读图解部分就是最好的证明，这部分内容是对整本书的结构概括、作者生平以及本书的历史影响及文学地位的直观展示。

接下来是观史阅今，读者可以从这部分概括性的语言中对本书的意义、传承、影响等方面有一个总体的了解。这样，在阅读原著的时候就能更轻松地领悟作者的思想精髓。

原典新释是本书的重中之重，它主要由原文、注释、译文和经典语录等知识版块组成。梳理原文，并对生僻难解的字词进行注释，同时还配有相应的译文，这些都有利于读者理解国学经典内容。此外，在每一篇文章后面都加了一个紧扣本篇内容的铭记链接知识。这样不仅能加深读者的记忆，而且还开阔了读者的视野，达到了全民阅读“品味经典，弘扬传统文化”的目的。

古韵体验，这也是当我们读完这本经典著作之后的收获和感想。我们都能领悟到作品哪些思想精髓，应该怎么做才能真正地弘扬中华传统文化，实现中华民族的伟大复兴呢？

二、原著辅导

作为儒学经典，《大学》主要内容是“明明德”“亲民”和“止于至善”三纲领，以及实现三纲领的八个条目或八个步骤，即格物、致知、诚意、正心、修身、齐家、治国、平天下。《中庸》则主要集中在讲“中和（中庸）之诚”，通过五达道（君臣父子夫妇兄弟朋友）、三达德（智仁勇）以及九经（治理天下的九个基本方面）的叙述，统一明和诚、融合尊德性与道问学而彰显天地之文。

《大学》提出了“三纲领”和“八条目”，强调修己是治人的前提，修己的目的是为了治国平天下，说明治国平天下和个人道德修养的一致性。《大学》开头就说："大学之道，在明明德，在亲民，在止于至善。"这就是后人所说的《大学》"三纲领"。所谓"明明德"，就是发扬光大人所固有的天赋的光明道德。所谓"在亲民"，是指发扬了善性之后，即可使天下人革新。治民要亲爱人民。所谓"止于至善"，就是要求达到儒家封建伦理道德的至善境界。"为人君止于仁，为人臣止于敬，为人子止于孝，为人父止于慈，与国人交止于信。"这是《大学》提出的教育纲领和培养目标。

《大学》还说："古之欲明明德于天下者，先治其国。欲治其国者，先齐其家。欲齐其家者，先修其身。欲修其身者，先正其心。欲正其心者，先诚其意。欲诚其意者，先致其知。致知在格物。"格物、致知、诚意、正心、修身、齐家、治国、平天下，后世称之为《大学》的"八条目"，这是实现"三纲领"的具体步骤。"八条目"的中心环节是修身，"自天子以至于庶人，壹是皆以修身为本"。修身是齐家、治国、平天下在逻辑、实践上的前提；同时，修身的要求遍及庶人，因而不仅仅是领导者的表率，而应成为每个人的义务。以之为本，其后的修行才有基础。八条目有时又被称为"内圣外王"，它囊括了中国传统士大夫"善其身"与"济天下"这两个基本的人生面向，在中国传统文化中有着特别的意义。

《中庸》作为中国儒家的经典之一，是《礼记》中的一篇。全文只有3469字，篇幅不长，但内容却博大精深。宋代，朱熹把《中庸》和《大学》从《礼记》中抽出来，和《论语》、《孟子》合为"四书"，从此，《中庸》就成为了儒家非常重要、儒士必习的经典著作。

《中庸》的内容比《大学》难理解，其中反复阐发了一些重要的哲学概念，比如天命、性、道、诚等。朱熹称此篇为"孔门传授心法"，借此，我们可以从另一个角度了解儒家的"修身"之说。

《中庸》首句讲："天命之谓性，率性之谓道，修道之谓教。"天所给予人的秉性叫做性，遵循天性而行叫做道，修明此道而加以推广叫做教，这就将修身推至于"率性"与"修道"的意义上，与人之为人的本性和责任相关。而"中庸"即为其标准。所谓中庸，并不是指一味执中，其本身就是一种原则。行中庸之道者，外表平和却不会流于俗见，行事恰到好处而不偏不倚。《中庸》说，这才能称得上是真正的坚强。

《中庸》在论述修身之法时有“知所以修身，则知所以治人；知所以治人，则知所以治天下国家矣”的说法，与《大学》“修齐治平”之说相近，但尤为强调“知”在这四个步骤中的连接作用。修齐治平的修养链条不是自然实现的。《中庸》通过三知、三行之说对此作了进一步的强调：“或生而知之，或学而知之，或困而知之，及其知之一也。或安而行之，或利而行之，或勉强而行之，及其成功一也。”有的人经历了困苦才知晓、勉勉强强地去行为，而这与那些生来就知晓、自然而然地去做的人在所达到的结果上是一样的。《中庸》在这里鼓励了勉力而行者的人为努力。

《中庸》后半部分围绕着对“诚”概念的讨论而展开，通过区别“诚者”与“诚之者”，《中庸》建立了一个天、人相对的结构：“诚者，天之道也；诚之者，人之道也。”“诚”是天道属性，是由“不勉而中，不思而得，从容中道”的圣人来体现的。而“人之道”则是对诚的学习，是“择善而固执之者也”。天之道是天生自为，自然完满的；修养之教则是属人之事，需由努力加以实现。

“诚之”的具体方式就是“博学之，审问之，慎思之，明辨之，笃行之”的切实功夫。《中庸》强调的并非圣人之道，而是后天人为的努力。“人一能之己百之，人十能之己千之。果能此道矣，虽愚必明，虽柔必强。”只要愿意付出成倍的努力，便能以勤补拙，进而获得成功。《中庸》为普通人立教，强调奋斗、刻苦的作用。从博学审问，到明辨笃行，知识的学习要通过内在的自省使之真正属于自己，也要通过切实的思考将之付诸具体的实现。这是一套由知到行的综合性实践，能行乎此，修养之道才能发挥其真正的意义。

原典新释

Guan Dian Xin Shi

大学·中庸

大　学

《大学》精要

内明之学——心正，意诚，致知，格物。

外王之道——修身，齐家，治国，天下平。

修身：所谓齐其家在修其身者，人之其所亲爱而辟焉，之其所贱恶而辟焉，之其所畏敬而辟焉，之其所哀矜而辟焉，之其所敖惰而辟焉。

齐家：所谓治国必先齐其家者，其家不可教而能教人者，无之。故君子不出家，而成教于国。孝者，所以事君也；弟者，所以事长也；慈者，所以使众也。

治国：所谓平天下在治其国者：上老老而民兴孝，上长长而民兴弟，上恤孤而民不倍，是以君子有絜矩之道也。

正心：所谓修身在正其心者：身有所忿懥，则不得其正；有所恐惧，则不得其正；有所好乐，则不得其正；有所忧患，则不得其正。

意诚：所谓诚其意者，毋自欺也。如恶恶臭，如好好色，此之谓自谦，故君子必慎其独也！

致知：其本乱而末治者否矣，其所厚者薄，而其所薄者厚，未之有也！此谓知本，此谓知之至也。

物格：物格而后知至，知至而后意诚，意诚而后心正，心正而后身修，身修而后家齐，家齐而后国治，国治而后天下平。自天子以至于庶人，壹是皆以修身为本。

大　学

原文

子程子[①]曰：《大学》，孔氏[②]之遗书，而初学入德之门也。于今可见古人为学次第者，独赖此篇之存，而《论》《孟》次之。学者必由是而学焉，则庶乎其不差矣。

注释

①子程子：前一个“子”字，意为夫子，引申为老师。后一个“子”字，古代男子的尊称，意为先生。程子（1033—1107），名颐，字正叔，学者称伊川先生。北宋哲学家、教育家。宋朝大儒学家，曾和兄程颢学于周敦颐，并同为北宋理学的奠基者，世称“二程”。讲学达三十余年，其学以“穷理”为主。

②孔氏：孔子（前551—前479），春秋末期思想家、政治家、教育家，儒家的创始者。名丘，字仲尼。鲁国（今山东曲阜东南）人。先世是宋国贵族，少年时贫贱，及长大成人，做过“委吏”（司会计）和“乘田”（管畜牧）等事。学无常师，相传曾问礼于老聃，学乐于苌弘，学琴于师襄。聚徒讲学，从事政治活动。五十岁时升任鲁国司寇，摄行宰相事务。后又曾周游宋、卫、蔡、陈、齐、楚等国，终不见用。晚年致力于教育，弟子多达三千。整理《诗》、《书》，删修《春秋》，现存《论语》是研究孔子学说的主要资料。

译文

夫子程颐先生说：《大学》是孔子遗留下来的书，是开始学习理论的人进入道德的门径。如今人们还可以见到古人做学问的次序，几乎全是依赖这篇《大学》的存在，其次是依靠《论语》《孟子》。攻读理论的人必须沿着《大学》中的顺序去学习，那么进入道德的门径就可以说差不多了。

阅读延伸

程子程颐认为，做学问应该有轻重缓急，有次序问题，应先读《大学》，后读《论语》《孟子》。

为何要先读《大学》呢？因为《大学》是架书，是奠定人生观的基石。不读《大学》，则没有学问的方向，入门便成了问题。入门一差，进步终成恍惚，终将发端无序，支离破碎。

古人做学问，其重要典籍便是经史子集，经即儒家的四书五经，四书五经为何排在前面呢？虽然于统治阶级出于维护其利益的需要有关，但是儒家学说，重伦理道德，学者不容易走入歧途，并可大成是根本原因。

儒家学说为研究历史，学习子、集，提供立场、方法、观点。只要如此，学问之道便如同拔云见日而豁然开朗。

总纲

原文

大学之道①，在明明德②，在亲民③，在止于至善④。

注释

①道：指道理、原理、原则、纲领，含有人生观、世界观、政治主张和思想体系。

②明明德：前一个“明”为使动词，即使……显明。后一个“明”为形容词，清明的、光明的之意。

③亲民：亲，当作“新”，为使动词，即使……革新。

④至善：最好的思想境界，善的最高地步。

译文

《大学》的原理，在于使人们的美德得以显明，在于使天下的人革旧更新，在于使人们达到最好的理想境界。

原文

知止①而后有定，定而后能静，静而后能安，安而后能虑，虑而后能得②。物有本末③，事有终始，知所先后④，则近道矣。

注释

①知止：能够知道所当止的地步。指上文所说的“止于至善”。

②得：获得（至善）。《孟子·告子上》："心之官则思，思则得之，不思则不得也。"

③本末：指树的根本与树梢。

④知所先后：意指能够知道和把握道德修养的先后次序。

译文

知道所应达到的理想境界是"至善"，而后才能有确定的志向，有了确定的志向，而后才能内心宁静，内心宁静而后才能泰然安稳，泰然安稳而后才能行事思虑周详，行事思虑周详而后才能达到最好的理想境界。

世上万物都有根柢和末梢，天下万事都有结局和发端，能够明白它们的先后次序，那么，就能够接近这《大学》的原理了。

原文

古之欲明明德于天下者，先治其国；欲治其国者，先齐其家①；欲齐其家者，先修其身②；欲修其身者，先正其心；欲正其心者，先诚其意；欲诚其意者，先致其知③；致知在格物④。

注释

①先齐其家：齐，有治理之意。家，指家族。意为使家族齐心协力、和睦平安。

②修其身：指修养好自身的品德。

③先致其知：致，至。知，认识。先使认识达到明确。

④格物：推究事物的原理。据朱熹解释："言欲致吾之知，在即物而穷其理也。"（《四书集注》）

译文

古时候，想要使美德显明于天下的人，先要治理好他的邦国；想要治理好自己邦国的人，先要整治好他的家族；想要整治好自己家族的人，先要努力提高自身的品德修养；想要提高自身品德修养的人，先要端正自己的内心；想要端正自己的内心，先要他自己意念诚实；想要自己意念诚实，先要达到认识明确；而达到认识明确的方法就在于推究事物的原理。

原文

物格而后知至，知至而后意诚，意诚而后心正，心正而后身修，身修而后家齐，家齐而后国治，国治而后天下平。自天子以至于庶人①，壹是②皆以修身为本。

注释

①庶人：西周起称农业生产者。春秋时，其地位在士以下，工商皂隶之上。秦汉以后泛指没有官爵的平民。

②壹是：壹，一。一切，一律，一概。

译文

只有推究事物的原理，而后才能达到认识明确；只有达到认识明确，而后才能意念诚实；只有意念诚实，而后才能心思端正；只有心思端正，而后才能提高自身的品德修养；只有提高了自身的品德修养，而后才能整治好家族；只有整治好家族，而后才能治理好邦国；只有治理好邦国，而后才能使天下太平。

从天子开始，一直到下面的老百姓，一律都要把搞好自身的品德修养作为根本。

原文

其本乱①，而末治者②，否矣。其所厚者薄③，而其所薄者厚，未之有也④。

注释

①本乱：乱，紊乱，破坏。本乱，意为本性败坏。

②末治：意指家齐、国治、天下平。

③其所厚者薄：厚，重视，尊重。薄，轻视，蔑视。

④未之有也：即未有之也。之，代词。

译文

一个人，他自身的品德修养这个根本败坏了，却要做到家齐、国治、天下平，那是不可能的。正如他所尊重的人反而轻蔑他，他所轻蔑的人反而尊重他，这样的事情是从来不会有的。

阅读延伸

这里所展示的，是儒学三纲八目的追求。所谓三纲，是指明德、新民、止于至善。它既是《大学》的纲领旨趣，也是儒学“垂世立教”的目标所在。所谓八目，是指格物、致知、诚意、正心、修身、齐家、治国、平天下。它既是为达到“三纲”而设计的条目工夫，也是儒学为我们所展示的人生进修阶梯。纵览四书五经，我们发现，儒家的全部学说实际上都是循着这三纲八目而展开的。所以，抓住这三纲八目你就等于抓住了一把打开儒学大门的钥匙。循着这进修阶梯一步一个脚印，你就会登堂入室，领略儒学经典的奥义。就这里的阶梯本身而言，实际上包括“内修”和“外治”两大方面：前面四级“格物、致知，诚意、正心”是“内修”；后面三级“齐家、治国、平天下”是“外治”。而其中间的“修身”一环，则是连结“年修”和“外治”两方面的枢纽，它与前面的“内修”项目连在一起，是“独善其身”；它与后面的“外治”项目连在一起，是“兼善天下”。两千多年来，一代又一代中国知识分子“穷则独善其身，达则兼善天下”（《孟子·尽心下》），把生命的历程铺设在这一阶梯之上。所以，它实质上已不仅仅是一系列学说性质的进修步骤，而是具有浓厚实践色彩的人生追求阶梯了。它铸造了一代又一代中国知识分子的人格心理，时至今日，仍然在我们身上发挥着潜移默化的作用。不管你是否意识明确，不管你积极还是消极，“格、致、诚、正，修、齐、治、平”的观念总是或隐或显地在影响看你的思想，左右着你的行动，使你最终发现，自己的人生历程也不过是在这儒学的进修阶梯上或近或远地展开。事实上，作为中国知识分子，又有几人是真正出道入佛的野鹤闲云、隐逸高士呢？说到底，依然是十人九儒，如此而已。

第一章

原文

《康诰》①曰："克明德②。"

《太甲》③曰："顾諟天之明命④。"

《帝典》⑤曰："克明峻德⑥。"皆自明也。

注释

①《康诰》：《尚书·周书》中的篇名。《尚书》是中国上古历史文献和部分追述古代事迹著作的汇编。分为《虞书》、《夏书》、《商书》、《周书》四部分。《康诰》是周公封康叔时所作的文告。周公在平定三监（管叔、蔡叔、霍叔）所发动的叛乱后，便封康叔于殷地。这个文告就是康叔上任之前，周公对他所作的训辞。

②克明德：克，能够。明，崇尚。《康诰》篇原句为："惟乃丕显考文王，克明德慎罚。"是赞扬文王的话。

③《太甲》：《尚书·商书》中的篇名。太甲，商代国王，商汤的嫡长孙，太丁之子。传说太甲即位后，因破坏汤法，不理国政而被伊尹放逐。后回国复位。太甲被放逐期间，生活在民间，了解人民疾苦。复位后，励精图治，做到"诸侯归殷，百姓以宁"。

④顾諟天之明命：这是伊尹告诫太甲的话。顾：回顾、想念、思念。諟：是，此。明命：光辉的命令，即明德。古人认为是天所赋予的，故称为"天之明命"。据《太甲》篇原句为"伊尹作书曰，先王顾諟天之明命，以承上下神祇"。伊尹是商朝初年的大臣，曾放逐仲任的

侄子太甲，自立为王，后又让太甲复位。

⑤《帝典》：即《尧典》，是《尚书·虞书》中的篇名。主要记叙尧、舜二帝的事迹。

⑥峻：《尧典》中原作“俊”，是“大”的意思。据《尧典》原句为“帝典曰若稽古帝尧……克明俊德，以亲九族”。

译文

《康诰》里说：“能够有崇尚光明的德性。”《太甲》里说：“经常思念上天赋予的阐明美德的使命。”《帝典》里也说：“能够使伟大崇高的德性显明。”这些书上说的都是要使自己的美德得以发扬和弘扬美德的意思。

阅读延伸

这是“传”的第一章，对“经”当中“大学之道，在明明德”一句进行引证发挥，说明弘扬人性中光明正大的品德是从夏、商、周三皇五帝时代就开始强调了的，有书为证，而不是我们今天别出心裁，标新立异的产物。《三字经》说：“人之初，性本善；性相近，习相远；苟不教，性乃迁。”也就是说，人的本性生来都是善良的，只不过因为后天的环境影响和教育才导致了不同的变化，从中生出许多恶的品质。因此，儒家的先贤们强调后天环境和教育的作用，在作为“四书五经”之首的《大学》一篇里开宗明义，提出“大学”的宗旨就在于弘扬人性中光明正大的品德，使人达到最完善的境界。以我们今天的眼光来看，“在明明德”就是加强道德的自我完善，发掘、弘扬自己本性中的善根，而摒弃邪恶的诱惑。从这个意义上说，无论是西方基督教的“忏悔”，东方佛教的“修行”，还是列夫·托尔斯泰式的“道德自我完善”，乃至于我们今天所倡导的“五讲四美三热爱”、“培养四有新人”等等，都是“在明明德”，以弘扬人性中光明正大的品德为目的。

小故事：大禹治水

很古的时候，地球上发生了一场空前的灾难。暴雨形成了大水，浩浩荡荡，袭击了很多地方，造成了大规模洪水泛滥，大山高原都被洪水包围了，老百姓非常忧愁。当时的皇帝尧便派鲧（gǔn）负责治水。

鲧一上任就修建了很多堤坝。可是没想到洪水实在太凶猛了，堤坝不仅没有阻止洪水，反而被洪水冲击得全部溃败，造成了更大的灾难。

眼看着人民生活在水深火热之中，尧焦虑得愁容满面，整个人都瘦了很多。这时，有人对尧说："何不让鲧的儿子大禹来接替他父亲的工作治水呢？他也是一个很有才能的人呀。"尧苦着一张脸说："只好如此了，让大禹试试吧。"大禹接到任务以后，立即全身心投入了治水工作。大禹没有立刻修建堤坝，而是亲自走访了每一条泛滥的河流，想找到最有效的治水方法。四处跋涉之后，他终于制定了以疏通河道为主，修建堤坝为辅的治理措施。

治水方针一制定，他便带着大伙儿忙开了。大禹在治水时一直拿着粗糙的石器，磨得手上全是老茧，连指甲都掉了。而且，因为他长期泡在水里，腿上的汗毛也掉了很多。每天晚上，大家都歇下来的时候，大禹总是被疾病折腾得连觉都睡不安稳。

但大禹仍然坚持不停地工作。他不忍心看到老百姓受苦，立志要战胜洪水。有好几次路过家门，他都没有时间回家看看妻子和儿女。

终于，八年之后洪水泛滥的局面得到了控制，人民的生命财产有了保障。而大禹治水的事迹千古流传，为世人颂扬。他公而忘私、勤劳勇敢的精神感动了一代又一代人。

第二章

原文

汤之《盘铭》[①]曰："苟日新[②]，日日新，又日新。"

《康诰》曰："作新民[③]。"

《诗》曰："周虽旧邦，其命维新[④]。"

是故，君子[⑤]无所不用其极[⑥]。

注释

①汤之《盘铭》：汤，指商汤。商朝的开国君主叫成汤。盘：青铜制的沐浴用的器具。铭：是镂刻在器皿上用以称颂功德或申明鉴戒的文辞，后来成为一种文体。

②苟日新：苟，假如，如果。新：指身体上洗涤污垢，焕然一新。引申为品德修养上的弃旧图新。

③作新民：作，振作，鼓励。新民，使民自新。原句为："己，汝惟小子，乃服惟弘王，应保殷民。亦惟助王宅天命，作新民。"此句证明"经"一章里的"在亲民"应为"在新民"。

④《诗》曰句：《诗》，指《诗经》，是我国最早的一部诗歌总集。此处所引的两句诗，出自《诗经·大雅·文王》，这是一首歌颂周文王的诗。周，指周国。自从后稷开国，经历夏、商两朝，都是诸侯国。到文王时，国力强大，武王时灭掉商朝，建立周朝。邦，古代诸侯封国之称，旧邦，古老的国家。其命，指周朝承受的天命。维，助词。

⑤君子：此指统治者。

⑥其极：尽头，顶点。其极指“至善”。

译文

商汤时的青铜器盘上镂刻警辞说：“如果能在一天内洗净自己身上的污垢，焕然一新，那么就应当天天清洗，弃旧图新。每日不间断，永远保持，做到天天新、每天新。”

《康诰》里说：“振作商的遗民，使他们悔过自新。”

《诗经》里说：“周国虽是一个古老的诸侯国，但由于文王秉承天命除旧布新，所以它终能自我更新。”

因此，那些执政者在新民方面，总是时时处处用尽心力，追求达到美好完善的最高境界。

阅读延伸

如果说“在明明德”还是相对静态地要求弘扬人性中光明正大的品德的话，那么，“苟日新，日日新，又日新”就是从动态的角度来强调不断革新，加强思想革命化的问题了。

“苟日新，日日新，又日新”被刻在商汤王的洗澡盆上，本来是说洗澡的问题：假如今天把一身的污垢洗干净了，以后便要天天把污垢洗干净，这样一天一天地下去，每人都要坚持。引申出来，精神上的洗礼，品德上的修炼，思想上的改造又何尝不是这样呢？这使人想到基督教的每日忏悔，使人联想到女作家杨绛把她那本写“干校”生活的书起名为“洗澡”。精神上的洗澡就是《庄子·知北游》所说的“澡雪而精神”，《礼记·儒行》所说的“澡身而浴德”，说到底，也就是毛泽东所一再强调的”加强思想革命化”。

话说回来，“苟日新，日日新，又日新”无论如何展示的是一种革新的姿态，驱动人们弃旧图新。所以，你不仅可以像商汤王一样把它刻在洗澡盆上，而且也可以把它刻在床头、案头，使它成为你的座右铭。

小故事：周处杀三害

周处是东吴人，父亲很早就死了。他自小没人管束，成天在外面游荡，不肯读书；而且脾气暴躁，动不动就打人，甚至动刀使枪，宜兴的百姓都怕他。

当时，附近的南山有一只白虎，经常出来伤害百姓和家畜，当地的猎户都制服不了它。在长桥下还有一条鳄鱼，出没无常。人们把周处和白虎、鳄鱼并称为“三害”。

一次，周处见人们都闷闷不乐，问道：“大伙为什么都愁眉苦脸呢?”

一人没好气地回答：“三害还没有除掉，怎么高兴得起来!”

周处第一次听到“三害”这个名称，就问：“你指的是哪三害?”

那人说：“南山的白虎，长桥的鳄鱼，加上你，不就是三害吗?”

周处吃了一惊。原来百姓把他当作虎、鳄鱼一样的大害了。他沉吟了一会，说：“既然大家都为‘三害’苦恼，我就把它们除掉。”

过了一天，周处带着弓箭进山找虎去了。到了密林深处，从远处蹿出了一只白虎。周处“嗖”一下，射中猛虎前额，结果了它的性命。

又过了一天，周处带了刀剑跳进水里去找鳄鱼。他趁鳄鱼不备，在鳄鱼身上猛刺一刀。鳄鱼受了重伤，往下游逃窜。周处紧紧跟在后面，一直追踪到几十里以外。

三天三夜过去了，周处还没有回来。大家以为这下周处和鳄鱼一定两败俱伤，都死在河里了。见“三害”都死，大家喜出望外，互相庆贺。

没想到第四天，周处竟安然无恙地回家来了。原来鳄鱼受伤后，被周处一路追击，最后流血过多而死。

周处回到家后，知道人们以为他死了，都挺高兴。他认识到自己平时的行为已经让人们十分痛恨，便下定决心，做个好人。从此以后，他刻苦读书，注意自己的品德修养，终于成为晋朝的大臣。

第三章

原文

《诗》云①："邦畿千里，维民所止②。"

《诗》云："缗蛮黄鸟，正于丘隅③。"子④曰："于⑤止，知其所止，可以人而不如鸟乎？"

《诗》云⑥："穆穆文王，于缉熙敬止。"为人君，止于仁；为人臣，止于敬；为人子，止于孝；为人父，止于慈；与国人交，止于信。

注释

①《诗》云句：见《诗经·商颂·玄鸟》。邦畿（jī），古代指直属于天子的疆域。即君王居住的京城及其管辖的周围地区。千里，方圆千里。

②维：犹"为"。止：居住。这两句诗引自《诗经》。原是一首祭祀时所唱的歌，也是一首简短的史诗，诗中叙述了殷商始祖契诞生的传说，以及成汤建立王业，武丁中兴的功绩。这里引这两句诗，是想说明，一切事物都应有个着落。

③缗蛮：鸟叫声。缗，原诗为"绵"字。见《诗经·小雅·绵蛮》。止，栖息。丘隅，多树的土山丘陵。

④子：孔子。孔子这段话的意思为，鸟都知道在应该栖息的地方栖息，那么人更应当努力达到美好的最高境地。

⑤于：同於，乌的古字，叹词。

⑥诗云句：文王，周文王。穆穆，仪表堂堂，端庄恭敬的样子。

缉，继续。熙，光明。止，语气助词。这两句诗引自《诗经·大雅·文王》篇。

译文

《诗经》里讲："京都幅员广阔方圆千里，许多百姓都愿在那里居住。"

《诗经》里讲："黄鸟鸣叫着'缗蛮'，栖息在那多树的丘冈。"孔子读了这两句诗感慨地说："唉，黄鸟起居时，都知道栖在它所应当栖息的地方，难道人反而不如鸟吗？"

《诗经》里讲："仪表堂堂端庄谦恭的周文王，他光明的美德使人们无不崇敬。"作为国君，他的言行要做到仁政，作为属臣，他的言行要做到恭敬；作为儿女，他的言行要符合孝道；作为父亲，他的言行要体现慈爱，与国人交往要做到坚守信义。

原文

《诗》云①："瞻彼淇澳，绿竹猗猗②。有斐君子，如切如磋，如琢如磨③，瑟兮僩兮，赫兮喧兮。有斐君子，终不可諠兮！""如切如磋"者，道学也；"如琢如磨"者，自修也；"瑟兮僩兮"者，恂慄也④；"赫兮喧兮"者，威仪也；"有斐君子，终不可諠兮"者，道盛德至善，民之不能忘也。

注释

①《诗》云句：见《诗经·卫风·淇澳》。这段引诗的前段，是把它看作对卫武公的赞颂。

②淇澳：淇，指淇水，在今河南省的北部，古属卫国。澳（yù），指河岸弯曲的地方。猗猗（yīyī），植物长得光泽茂盛的样子。

③斐：有文采的样子。斐然成章，才华卓绝之意。君子：指卫武

公。如切如磋：切，用刀切断，磋，用锉锉平。如琢如磨：琢，用刀雕刻。磨，用沙磨光。以上“切、磋、琢、磨”本是古代冶玉石器、骨象器的不同工艺方法。《尔雅·释器》里讲：“骨谓之切，象谓之磋，玉谓之琢，石谓之磨。”这里《大学》引申含意是指治学应如切锉骨器那样严谨，一丝不苟。指修身应如琢磨玉器那样精细，精进不休。

④瑟：这里为庄重的意思。瑟，璱的假借字，原形容鲜洁的样子。据《说文·玉部》引瑟作璱。僩（xiàn）：形容胸襟开阔的样子，此处为威武、威严的样子。赫：光明、显耀。喧：通“煊”，盛大、显扬。諠：《诗经》中作“谖”，遗忘、忘记。恂傈：惶恐、惧怯。这里为谦恭谨慎的样子。

译文

《诗经》里说：“望那淇水岸边弯曲的地方，青绿色的竹子茂盛润泽。那富有文采的君子卫武公，他治学就像切锉骨器那样严谨、一丝不苟；他修身就像琢磨玉器那样精细，精进不休。他的仪表庄重威严，他的品德光明显扬。那富有文采的君子卫武公，教人终身不能忘怀呵！”

诗中“如切如磋”，比喻精心求学；“如琢如磨”，比喻修养德性；“瑟兮僩兮”，是讲内心谨慎；“赫兮喧兮”，是讲仪表威严；“有斐君子，终不可諠兮”，是讲卫武公具有君子的美好品德，德性达到完善的境界，老百姓当然都不会忘记他了。

原文

《诗》云①：“于戏！前王不忘。”君子贤其贤而亲其亲②，小人乐其乐而利其利，此以没世不忘也③。

注释

①《诗》云句：见《诗经·周颂·烈文》篇。于戏：即“於戏

(wūhū)”，音义同“呜呼”，叹词，相当于现代汉语的“哎呀”。前王：指周文王。这里泛指古代贤王。

②贤其贤：前一个“贤”字用作动词，意为尊敬之意。后一个“贤”字用作名词，指贤明君子。亲其亲：前一“亲”字意为亲爱，后一“亲”字，意为亲族。

③乐其乐：两“乐”（luò）字，都是“快乐”的意思。前“乐”字用作动词，意为以小人之乐为乐。利其利：前一个“利”字，用作动词，意为让百姓获得利益。后一个“利”字，意为利益。此以：因此。没世：终身、一辈子。

译文

《诗经》里讲：“唉，前代贤王的品德永不被人遗忘。”那是因为后世的君王崇敬品德高尚的前代贤王，热爱创立基业的前代亲人，平民也享受到遗留下来的安乐，获得了所遗留给的利益。因此，这就是前代贤王永垂千秋而不被人们遗忘的道理。

阅读延伸

这一段发挥“在止于至善”的经义。首先在于“知其所止”，即知道你应该停在什么地方，其次才谈得上“止于至善”的问题。

俗语说：“人往高处走，水往低处流。”鸟儿尚且知道找一个栖息的林子，人怎么可以不知道自己应该落脚的地方呢？所以，“邦畿千里，惟民所止。”

大都市及其郊区古来就是人们向往而聚居的地方。但这还只是身体的“知其所止”，不是经义的所在。经义的所在是精神的“知其所止”，也就是“在止于至善”。

要达到这“至善”的境界，不同的人，不同的身分有不同的努力方向，而殊途同归，最后要实现的，就是通过“如切如磋，如琢如磨”

的研修而达到“盛德至善，民之不能忘也!”成为流芳百世的具有完善人格的人。这当然是一种理想主义的英雄主义的教育：渴望不朽，崇尚伟大，追求完善。

对于一般读者，尤其是当今读者来说，这种要求似乎过于理想化，过于远距离了。倒是回过头来说到“知其所止”，对于我们来说，仍具有较深的启发意义。“知其所止”，也就是知道自己应该“止”的地方，找准自己的位置，这一点，说起来容易做起来难。

天地悠悠，过客匆匆，多少人随波逐流，终其一生而不知其所止，尤其是当今时代，生活的诱惑太多，可供的机会太多，更给人们带来了选择的困惑。比如说，在过去的时代，“万般皆下品，惟有读书高。”读书人心态平衡，或许还“知其所止”，知道自己该干什么。可是，进入市场经济时代后，所谓“下海”的机会与诱惑重重地叩击着人们的心扉，读书人被推到了生活的十字路口：何去何从？所止何处？使不少人不知道自己该干什么了——精神的流浪儿无家可归。

其实，《大学》本身说得好：“为人君，止于仁；为人臣，止于敬；为人子，止于孝；为人父，止于慈；与国人交，止于信。”

不同的身分，不同的人有不同的“所止”，关键在于寻找最适合自身条件，最能扬长避短的位置和角色——“知其所止”。这才是最最重要的。

小故事：商纣王的故事

商朝的最后一个皇帝纣王，荒淫残暴，从不关心百姓的疾苦，是一个十足的暴君。纣王整天寻欢作乐，饮酒听歌。他对忠臣贤士的规劝不屑一顾，而对阿谀奉承的小人却很信任。

纣王十分宠爱妲己，而妲己和周王姬昌有仇，她一直想报复姬昌，但始终没有合适的机会。

有一回，姬昌的大儿子伯邑考设计出了一艘木船，并且试航成功。妲己知道了这件事后，终于想了一条毒计来对付姬昌。

她对纣王说："大王，姬昌他们这是想造反呀！有了这个船，他们就能水上战斗了。"纣王一听，完全相信了妲己的话，立刻派人将姬昌的大儿子伯邑考抓来，处以死刑，而且他还令下人将伯邑考的尸体剁成肉酱做成包子。

之后，纣王又把姬昌叫到宫里，对他说："我这次叫你来，主要是想让你尝尝新做的包子。"说着，他就吩咐下人把蒸熟的包子端上来，逼迫姬昌"品尝"这些用他亲生儿子做的肉包子。

姬昌何尝不知道纣王的残暴呢？他早就猜到自己的儿子已经命丧黄泉了。现在，纣王又莫名其妙地把他从老远的地方叫来吃包子，这真是太奇怪了。

他心想："纣王葫芦里卖的到底是什么药？"等他看到那一碗肉包子和纣王诡异的眼神时，他开始心疼起来："难道……难道这些是……"尽管他猜到了纣王的把戏，但是纣王的命令，做臣子的不得不从。姬昌只能含着眼泪，忍痛吃下了几个肉包子。

后来，纣王的荒淫残忍终于激起了老百姓的极大不满。他们在姬昌的二儿子姬发的带领下，联合起来发兵讨伐纣王。纣王见大势已去，自焚而死，商朝由此灭亡。

第四章

原文

子曰[①]："听讼，吾犹人也，必也使无讼乎！"无情[②]者不得尽其辞[③]，大畏民志[④]，此谓知本[⑤]。

注释

①子曰：这段话见《论语·颜渊》篇。子，孔子。听：听取，判断。此处指审理。讼：诉讼，争讼。犹人：与其他人一样。人，别人。

②无情：不是真实情况。

③尽：竭尽。辞：指狡辩的厥词。

④畏：作动词用，意为"让……敬服"。民志：民心。

⑤本：根本的道理。

译文

孔子讲："审理诉讼（打官司），我与其他人一样，能做到将案情断得曲直分明，但我和其他人不同的是，必须使诉讼这类事件根本不发生，达到绝迹才好。"从孔子讲的这段话里，我们可以领悟到：圣人能使那些心中奸诈不实之徒不敢随便说尽他们那狡辩的厥词，并且引导他们搞好自身修养，从而使民众敬服盛德，没有争讼打官司的。这就叫做认识根本的道理。

阅读延伸

这一段以孔子谈诉讼的话来阐发"物有本末，事有终始"的道理，强调凡事都要抓住根本。审案的根本目的是使案子不再发生，这正如“但愿世间人无病，何愁架上药生尘”的道理一样。审案和卖药都只是手段，或者说是“末”，使人心理畏服不再犯案和增强体质不再生病才是目的，或者说才是“本”。

说到底，是一个教化与治理的问题，教化是本，治理是末。正是由此出发，我们才能够理解《大学》强调以修身为本，齐家、治国、平天下都只是末的道理。

本末的关系如此，终始的因果也一样。从哲学命题的角度来看，本末是本质论，终始是发展观，千古哲学的两大范畴在《大学》这篇儒学的入门读物中以轻轻巧巧的八个字对仗而出：“物有本末，事有终始。”再以八个字加以干净利落地解决：“知所先后，则近道矣!”真是语言极度简洁而蕴含无比深刻，显出“经”的本色。

小故事：于公

从前有一个牢头叫于公。他办事公道，从不欺负犯人。

这年腊月三十晚上，于公查完了牢房，正想回家过年，忽然听见牢里有人在哭，开始是一个人、两个人，后来全牢的人都哭了。于公很纳闷儿，问道：“我没打你们没骂你们，你们哭什么?”有人回答说：“老爷，我们不能回家团圆，心里怪难过，所以哭了。”

于公听了，寻思道：“过年过节，都想和亲人团聚，这是人之常情。”沉吟半天，他说：“都别哭了，只要大伙能保证在后天清晨县令查狱前赶回来，我今晚上就放你们回家过年。”那些人听了，一齐朝于公磕头说：“老爷放心，我们一定赶回来。”于公打开狱门，把犯人都放走了。

正月初一这天，天上下起了鹅毛大雪，雪花一个劲地往地上落，不大会儿就把大地盖得严丝合缝。于公看了，心想：“坏了，这么大的雪，那些犯人还能回来吗?”

按当时的国法，私放犯人是大罪。于公望着这场漫天大雪，急得像热锅上的蚂蚁，都没有心思过年了。

初二这天，于公换上一身干净衣服来到牢里，不料他到牢里一看，满牢的犯人都到齐了。他们一个个都裹着一身雪，跟个雪人一样，见了于公，他们一齐磕头谢恩。

于公见了这光景，仰天大笑说："皇天无情人有情，哈哈哈哈！"突然一口黏痰堵住了喉头，他呼吸不过来，咕咚一声倒在地上，死了。

于公下葬后的第三天，犯人的亲朋好友都赶来给于公添坟。后来，凡是刑满出狱的犯人，在回家之前都要往于公的坟上添一些土。年代久了，于公的坟包越聚越大，像一座小山。

第五章

原文

此谓知本①。此谓知之至也②。

注释

①此谓知本：这一句与上文重复，疑是衍文。程子曰："衍文也。"

②这句从语气上看是结束语，以此推断，上面必有一段话（传文），大概在流传时遗漏了。朱子曰："此句之上别有阙文，此特其结语耳。"

朱熹认为此句之上"别有阙文"。这阙文，按朱熹的意见，就是释"格物"、"致知"之义的传文。为此，他特意作了"格物致知"章文字，系统发挥其"格物致知"哲学认识论思想，补入《大学》本文。我们认为，朱熹的"格物致知"章，并非《大学》原文，但对于《大学》系统的完整性有一定的帮助，因此照录在此篇下，并作了注释和翻译。

译文

这就叫作认识根本的道理。这就叫作认识的彻底，即是进入"知"的最高境界。

朱熹补文

右传之五章，盖释"格物致知"之义，而今亡矣①，闲尝窃取程子之意以补之②，曰："所谓致知在格物者，言欲致吾之知，在即物而穷其理也。盖人心之灵，莫不有知，而天下之物，莫不有理。惟于理有未穷，故其知有不尽也。是以《大学》始教，必使学者即凡天下之物，莫不因其已知之理，而益穷之，以求至乎其极。至于用力之久，而一旦豁然贯通焉③，则众物之表里精粗④无不到；而吾心之全体大用无不明矣。此谓物格，此谓知之至也。"

注释

①亡矣：遗失了。

②闲：近来。尝：曾经。窃：私自。

③豁然贯通：突然领悟，融会贯穿各种知识或道理。

④表里精粗：表，指事物的表面现象。里，指事物的内部联系。精，指精细的道理。粗，指粗浅的道理。

译文

朱熹说，上面一段是传文的第五章，是解释"格物致知"的意义的。然而"传"的全文现今已经遗失了。我闲来曾私自采用程颐先生的观点把它补足如下："经文所说的'致知在格物'的意思，是说我们想要做到认识很明确，就应当接触外物并对每一事物极力探索它的道理。一般地说，因为人们的思想是灵巧的，无不有认识的能力；而天下的事物也无不包含着各种道理。只是因为对于这些道理有的人没有极力探索，所以他的认识才有些不完全。

"因此，《大学》篇开始教人，必须教育那些做学问的人对天下所有事物，都要根据他们已经认识的道理，进一步极力去探索万物的道理，使之达到认识的极点（高度、深度、广度）。如此长久用功，终有一天会突然领悟、融会贯通各方面的知识或技能，那么，一切事物的表面现象、内部联系和精微粗浅的道理，没有认识不到的。至此，我们的认识在总体上、在运用上（对万物）无不洞察明白了。这就是所谓对事物的原理努力探索穷尽，这就是所谓对事物认识得非常透彻。”

阅读延伸

格物致知——通过对万事万物的认识、研究而获得知识，而不是从书本到书本地获得知识。这种认识论很具有实践的色彩，打破了一般对儒学死啃书本的误解。

“格物致知”在宋以后成了中国哲学中的一个重要范畴，到清朝未年，“格致”（即“格物致知”的省称）又成了对声光化电等自然科学部门的统称。鲁迅在《呐喊自序》里说：“在这学堂里，我才知道在这世上，还有所谓格致，算学，地理。绘图和体操。”这说明“格物致知”的深刻影响。

事实上，时至今日，当我们说到知识的获取时，仍离不开“格物致知”这一条途径。因为，它不是说的“秀才不出门，全知天下事。”而是说的“你要知道梨子的滋味，你就得变革梨子，亲口吃一吃。”（毛泽东《实践论》语）

简言之，“格物致知”把我们引向万事万物，引向实践，引向“实践是检验真理的唯一标准”和“实践是认识的唯一源泉。”

小故事：实践出真知

战国时期，赵国大将赵奢曾以少胜多，大败入侵的秦军，被赵惠文王提拔为上卿。他有一个儿子叫赵括，从小熟读兵书，说起兵法来头头是道，别人往往说不过他。他因此很骄傲，自以为天下无敌。然而赵奢却很替他担忧，认为他不过是纸上谈兵，并且说：“将来赵国不用他为将则罢，如果用他为将，他一定会使赵军遭受失败。”

公元前260年，秦军又来犯，赵军在长平坚持抗敌。那时赵奢已经去世。

廉颇负责指挥全军，他年纪虽高，打仗仍然很有办法，使得秦军无法取胜。

秦国知道拖下去于已不利，就施行了反间计，派人到赵国散布“秦军最害怕赵奢的儿子赵括将军”之类的话。赵王上当受骗，派赵括替代了廉颇。

赵括自认为很会打仗，死搬兵书上的条文，到长平后完全改变了廉颇的作战方案。赵括熟读兵书，纸上谈兵头头是道，可谓掌握了不少理论知识，然而，他致命的弱点就是实战经验不足。结果，赵军在他的统率下轻率出战，遭到惨败，四十万降卒被秦将白起一举坑杀，他自己也被秦军箭射身亡。

第六章

原文

所谓诚其意①者，毋②自欺也。如恶恶臭③，如好好色④；此之谓自谦⑤。故君子必慎其独也。

注释

①诚其意：意，指意念。使意念诚实。诚，使动词。

②毋（wù）：不要。

③恶恶臭：前一个恶（wù）字，意为讨厌、厌恶。恶臭（xiù），指污秽的气味。

④好好色：前一个好（hào）字，意为喜好、喜爱。后一个好（hǎo），意为美丽的。色，指女色、女子。好好色，喜好美丽的女子。

⑤谦：同“慊”（qiè），满足、惬意。

译文

所谓使自己的意念诚实，就是说不要自己欺骗自己。就如同厌恶污秽的气味那样厌恶邪恶，就如同喜爱美丽的女子那样喜爱善良。

只有这样，才能说自己的意念诚实，心安理得。所以道德修养高尚的人必须谨慎地对待独处的时候，使自己规行矩步。

原文

小人闲居①为不善，无所不至。见君子而后厌然，揜其不善②，而著其善。人之视己，如见其肺肝然，则何益矣。此谓诚于中，形于外③。故君子必慎其独④也。

注释

①闲居：独居，独处。

②厌然：厌（yā），掩藏。揜（yǎn）：同掩，遮蔽。

③著（zhù）：显明。诚：实际。中：心中。形：动词用法，暴露，显露。

④慎其独：独，指独处。在独自一个人的时候要谨慎不苟，规行矩步。

译文

那些没有道德修养的人，在闲居独处的时候，无论什么坏事都做得出来。当他们见到那些有道德修养的人，却又躲躲藏藏企图掩盖他们所做的坏事，而装出一副似乎做过好事的模样，设法显示自己的美德。其实别人的眼睛是雪亮的，看透这些坏人坏事，就像是见到他们的五脏六腑一样，那么这种隐恶扬善的做法，又有什么益处呢。这就是说，人心里有什么样的实际德性，外表就必然会有什么样的言行表现。所以有道德修养的人必须谨慎地对待独处的时候，即使独处之时，也要使自己规行矩步。

原文

曾子①曰："十目所视，十手所指，其①严乎！"

富润屋，德润身②，心广体胖③，故君子必诚其意。

注释

①曾子：曾参，孔子的弟子。其（qǐ）：通"岂"，难道不。

②富润屋，德润身：润，滋润，引申意为修饰、装饰。谓具有富贵可以使房屋华丽，具有道德足以修养身心。

③心广体胖：胖（pán），舒坦。安适舒泰。

译文

曾参说："一个人若是被许多双眼睛注视着，被许多只手指点着，这难道不是严肃可怕的嘛！"

财富可以修饰房屋，使房屋华美；道德可以修养人的身心，使人思想高尚。心胸宽广开朗，身体自然安适舒坦，所以有道德修养的人一定要使自己的意念诚实。

阅读延伸

要做到真诚，最重要，也是最考验人的一课便是"慎其独"在一个人独处的时候也谨慎，简而言之，就是人前人后一个样。人前真诚，人后也真诚，一切都发自肺腑，发自内心，发自我全部的感官，就像手脚长在我自己身上一样自然自如，一样真实无欺，而不是谁外加于我的"思想改造"，要做到这一切，还得要回到那起始的一点去——君子必诚其意。

真诚做人，立身之本。做人最优秀的品质应该是真诚，孩子之所以可爱，正在于他们的稚嫩中有一份天然去雕饰的真诚。然而无可否认的是，在人生的道路上，谁又敢保证没有说过谎言呢？而更应该知道的是：真诚，只能用来自我要求，你可以希望自己具备高尚的品德，而无法用来要求别人，如果我们自已都还做不到百分之百的真诚，又何必苛求对方完全透明。

在这大千世界里，任何生灵都可以让你感受到它的真、它的善和它的美。清晨，微风拂过那枝头的点点茸茸绿色，淡淡的笑靥。与墙头上的夹竹桃一起，似唱响生命中最明快的乐章——真诚。这便是大自然毫不虚假的美，是质朴、真实的本质。这“美”便在于“真诚”。

小故事：曾子避席

曾子名叫曾参，春秋末年鲁国人。他是孔子的弟子。曾子性情沉静，举止稳重，为人谨慎，待人谦恭，以孝著称。相传他是《大学》的作者，还写了《孝经》。

有一次，曾子坐在孔子身边侍候孔子，孔子问他：“以前，圣贤的君主有至高无上的德行，精要奥妙的理论。他们教导天下的人，人们在他们的教育下和睦相处，君主和臣下之间也不存在什么不满。你知道这些圣贤的君主是用什么来教导天下的人吗?”

曾子听了，明白老师是要指点他最深刻的道理，于是立刻从坐着的席子上站起来。他走到席子外面，恭恭敬敬地回答孔子道：“我不够聪明，哪里能知道这些大道理呀！还请老师把这些道理教给我。”

曾子的“避席”是一种非常礼貌的行为。当曾子听到老师要向他传授知识时，他站起身来，走到席子外向老师请教，是为了表示他对老师的尊重。曾子懂礼貌的故事被后人传诵，很多人都向他学习。

《论语》中也常常提到曾子，最有名的是曾子说的：“吾日三省吾身：为人谋而不忠乎？与朋友交而不信乎？传不习乎?”这就是说，我们每天都要反省自己，要扪心自问，帮人家做事情的时候有没有不尽心尽力的地方？与朋友交往的时候有没有不诚实的地方？老师教授给我们的知识有没有及时复习?

曾子主张对人要诚信，诚信是人格光明的表现，不欺骗别人，也不欺骗自己；另外要时时温习学过的知识，不能停下来，因为一停下来的话，知识就会僵化。

第七章

原文

所谓修身，在正其心者。身有所忿懥①，则不得其正；有所恐惧，则不得其正；有所好乐，则不得其正；有所忧患，则不得其正。

心不在焉②，视而不见，听而不闻，食而不知其味。此谓修身，在正其心。

注释

①身有所忿懥：身，应作“心”字，指内心。忿懥（fènzhì），愤怒。

②焉：兼词用法，犹言“于此”，意即“在这里”。

译文

所强调说的：如要提高自身的品德修养，关键在于须先要端正自己的心思（思想）。这是什么道理呢？如果心有愤怒，那就不能端正；如果心有恐惧，那就不能端正；如果心有逸乐，那就不能端正；如果心有忧患，那就不能端正。

心思没有端正、思想不集中，看到了却像没有看见一样，听到了却像没有听见一样，吃了东西却不知道食物的味道，以上都是由于心思不正而造成的。这就是说，如果要提高自身的品德修养，关键在于须先端正自己的心思（思想）。

阅读延伸

正心是诚意之后的进修阶梯。

诚意是意念真诚，不自欺欺人。但是，仅仅有诚意还不行。因为，诚意可能被喜怒哀乐惧等情感支配役使，使你成为感情的奴隶而失去控制。

所以，在“诚其意”之后，还必须要“正其心”，也就是要以端正的心思（理智）来驾驭感情，进行调节，以保持中正平和的心态，集中精神修养品性。

这里需要注意的是，理与情，正心和诚意不是绝对对立，互不相容的。朱嘉说：喜怒哀乐惧等都是人心所不可缺少的，但是，一旦我们不能自察，任其左右自己的行动，便会使心思失去端正。所以，正心不是要完全摒弃喜怒哀乐俱等情欲，不是绝对禁欲，而只是说要让理智来克制、驾驭情欲，使心思不被情欲所左右，从而做到情理和谐地修身养性。

也就是说，修身在正其心不外乎是要心思端正，不要三心二意，不要为情所牵，“心不在焉，视而不见，听而不闻，食而不知其味”。这几句后来成了成语和名言，用来生动地描绘那种心神不属，思想不集中的状态。这样来理解，修身在正其心也就没有什么神秘感了吧。

小故事：两人学下棋

古时候有两个青年人想学下棋。他们听说弈秋是全国最有名的棋手，就相约一起来到弈秋家里，想拜弈秋为师学下棋。弈秋是一个慈祥的人，特别喜欢求学上进的年轻人，所以很高兴地收他们两个人为徒弟了。他说：“下棋不是一件困难的事，只要你们专心地学，一定可以学会。”两个人连连点头说：“我们一定专心学习！”

于是，求学生涯正式开始了。第一天，他们两个人听得都很认真，一边拿着笔和纸记笔记，一边对着棋盘认真思考。可是日复一日，每天都重复同样的事情，就渐渐觉得枯燥了。

一天，弈秋正在讲下棋，有一个年轻人听着听着就走了神，他的眼睛虽然一直看着棋盘，但是思想却早就飞到九霄云外去了。“老天，快来只天鹅吧！”他企盼着天空中飞过一只天鹅。“嗯，天鹅一定很美吧！白色的羽毛，美丽的翅膀……”当他沉浸在幻想中的时候，他又想：“如果真的飞过一只天鹅，我该怎么把它射下来呢？用弓箭可以吗？可是，我现在没有弓箭在手上呀！要是错过了岂不是很可惜！”他想着想着，居然真的焦虑起来，似乎真的有天鹅将要飞过似的。

这时，他又瞟了一下旁边坐的另一个年轻人，发现那人正认真地记笔记，口中还念念有词。他又自责了：“唉，我怎么这么不认真！太不应该啦！”可是没过多久，他又开始想：“如果我有了弓和箭，该怎么拿弓，怎么搭箭，又要怎样瞄准，然后再怎样放箭，向最大的天鹅射去呢？”他这样一直想下去，一堂课下来，什么都没有学到。

这以后，他便一发不可收拾，上课开小差的次数越来越频繁，时间也越来越长。一年下来，他下棋的水平几乎没有长进，而另外那个认真听讲的年轻人，始终全神贯注地听弈秋讲解下棋的技艺，结果成了一名出色的棋手。

第八章

原文

所谓齐其家，在修其身者。人之其所亲爱而辟[①]焉，之其所贱恶[②]而辟焉，之其所畏敬而辟焉，之其所哀矜[③]而辟焉，之其所敖惰而辟焉[④]。故好而知其恶，恶而知其美者，天下鲜矣！

故谚有之曰："人莫知其子之恶，莫知其苗之硕[⑤]。"

此谓身不修，不可以齐其家。

注释

①之：同"于"用法，意为"对于"。辟：偏见。

②贱恶：指所鄙视与厌恶的人。

③哀矜：同情，怜惜。

④敖惰：敖，通"傲"（ào），傲慢。惰，懈怠。

⑤硕：原意是头大，引申为大。这里是茁壮的意思。

译文

所讲的如要治好家族，关键就在于须先修养自身之品德。这是什么道理呢？人们对于自己所亲近相爱的人往往多有偏爱；对于自己所鄙视厌恶的人往往多存偏见；对于自己所敬畏的人往往多有偏颇；对于自己哀悯同情的人往往多有偏私；对于自己所怠慢的人往往多持偏见。因此，喜爱某人的同时，却又能认识他的不足；厌恶某人的同时，却又能了解他的长处，能做到这样的人天下少有啊！

所以有句谚语这么讲："溺爱自己子女的人认识不到他的孩子的缺

点错误，贪得无厌的人不会满足他那长势十分茁壮的禾苗。”

这就是不修养好自身的品德，就不能够治好本家族的道理。

阅读延伸

个人修养作为一种无形的力量，约束着我们的行为。任何一个人只有具有良好的个人修养，才会被人们所尊重。当然，个人修养的内容并不是一成不变的，它随着社会的发展及人生实践活动的深入也会变得更加丰富多彩。关于个人修养的讨论和研究，从很早的时候就开始了。古人曾经就提出过“修身养性”，现在我国也把思想品德、青少年的个人修养作为学生的必修课。

在这里，修养自身的关键是克服感情上的偏私——正己，然后正人。

儒学的进修阶梯由年向外展开，这里是中间过渡的一环。在此之前的格物。致知、诚意、正心都在个体自身进行，在此之后的齐家、治国、平天下，开始处理人与人之间的关系，从家庭走向社会，从独善其身转向兼善天下。当然，其程序仍然是由内逐步外推：首先是与自身密切相关的家庭和家族，然后才依次是国家、天下。

正因为首先是与自身密切相关的家（家庭和家族），所以才有一个首要的克服感情偏私的问题。

中国人常说：“家和万事兴。”

美国人说：“家是父亲的王国，母亲的世界，儿童的乐园。”

德国人说：“人无国王、庶民之分，只要家有和平，便是最幸福的人。”

法国人说得更好：“对于亚当而言，天堂是他的家；然而对于亚当的后裔而言，家是他们的天堂。”（伏尔泰语）

家是永恒的话题。但是，如果你不排除偏私之见，修身正己以正人，你就不能管理好这个你所拥有的天堂和乐园，就会像有人所告诫的那样：“坏家庭无法养育我们纯洁的灵魂，倒有可能成为我们自掘的墓场。”天堂不就变成地狱了吗?

小故事：邹忌讽齐王纳谏

古代有一个人叫邹忌，身高八尺多，皮肤白皙，五官端正，眼睛大且有神，是一个标准的美男子。

一天早晨，他穿戴好衣帽，照着镜子。突然，他想到了城北的徐公，那也是一个有名的美男子，可惜直到现在，都只闻其名，未见其人。他问大老婆说：“我与城北徐公相比，谁更漂亮?”大老婆不假思索地说：“你漂亮极了，徐公哪能比得上你呢?”

邹忌不相信，他又跑到小老婆那里，问：“我与徐公谁更漂亮?”小老婆恭恭敬敬地给他行礼：“徐公怎么能比得上您呀?”

邹忌还是不自信。第二天正好有客人来访，邹忌又问客人：“我和徐公谁漂亮?”客人说：“徐公不如您漂亮。”邹忌这回总算相信了。

又过了一天，徐公亲自来拜访邹忌。邹忌仔细端详徐公，发现自己远不如徐公漂亮。

晚上邹忌躺在床上想这件事，终于明白：“大老婆认为我漂亮，是偏爱我；小老婆认为我漂亮，是害怕我；客人认为我漂亮，是要拜托我帮他办事。”

天亮之后，邹忌上朝拜见齐王。他说：“大王，我知道我不如徐公漂亮。可是我大老婆因为偏爱我，我小老婆因为害怕我，我的客人需要我的帮忙，他们都骗我，说我比徐公漂亮。如今齐国有广大的土地，一百多座城池，宫中的嫔妃没有不偏爱您的，朝中的大臣没有不害怕您的，全国的老百姓没有不需要您的帮助的。他们一定也会因为种种原因骗大王，由此看来，大王您受蒙蔽就很深啦!”

齐王听了，觉得邹忌讲得太有道理了。他立刻下命令：“有谁能够当面批评我的，得上等奖赏；谁书面劝谏我的，得中等奖赏；谁在公共场所批评我且让我听到的，得下等奖赏。”

从此，齐王虚心接受大家的批评。一年以后，他成了一个无可挑剔的贤君。

第九章

原文

所谓治国，必先齐其家者，其家不可教而能教人者，无之。故君子不出家而成教①于国：孝者，所以事君也；弟②者，所以事长③也；慈④者，所以使众也。

《康诰》曰："如保赤子⑤。"心诚求之，虽不中⑥不远矣。未有学养子而后嫁者也。

注释

①成教：实行教化成功。教，指教化，即精神上感化。

②弟：封建社会道德之一，指弟弟应绝对敬爱兄长。弟，同"悌(tì)"。

③长（zhǎng)：兄长。引申为上司，长官。

④慈：封建社会道德之一，指上对下的爱，主要指父母对子女，也指君王所谓的爱平民。

⑤如保赤子：据《尚书·周书·康诰》篇作"若保赤子"。是周成王告诫康叔的话，意思是要他保护平民如同母亲养育保护婴儿一样。赤子，初生的婴儿。孔颖达疏："子生赤色，故言赤子。"

⑥虽不中：中（zhòng)，"符合"的意思。

译文

所说的要治理好国家，关键须先治理好家族。这是什么道理呢？如果不能治理好本家族，而却能治理好本邦国的人，那是从来不会有的。所以有道德修养的君子，他就是不离开自己的家族，也能够收到治理邦国教化人们的成效。因为在家孝顺父母的道德，就是侍奉国君的道德；在家尊敬兄长的道德，就是服事长官的道德；在家慈爱子女的道德，也就是父母官慈爱平民百姓的道德。

《康诰》里说："保护平民百姓就要像保护初生的婴儿一样。"这就是要求诚心实意去努力保护，虽然不能完全符合，但也不会相差太远。生活中谁也没有见过先学会养育孩子，然后再去出嫁的女人。

原文

一家仁，一国兴①仁；一家让②，一国兴让；一人贪戾，一国作乱：其机③如此。此谓一言偾事④，一人定国。

尧、舜帅天下以仁⑤，而民从之；桀、纣⑥帅天下以暴，而民从之；其所令⑦反其所好，而民不从。是故君子有诸己⑧而后求诸人，无诸己而后非诸人，所藏乎身不恕⑨，而能喻⑩诸人者，未之有也。

故治国，在齐其家。

注释

①兴：兴盛、兴起。

②让：谦逊、谦让。

③机：指古代弩箭上的发动机关，引申意为关键。

④偾事：犹言败事。偾（fèn），覆败。

⑤尧、舜：传说中父系氏族社会后期部落联盟的两位领袖。一位是陶唐氏，名放勋，史称唐尧。另一位舜，是尧的接班人，姚姓，有虞氏，名重华，史称虞舜。尧、舜是古代传说中圣明仁慈的领袖，历代被尊为圣君。帅：同"率"，率领，统帅。

⑥桀、纣：桀（jié），夏代最后一个君主，名履癸。为人残酷暴

虐，荒淫无度，后被商汤所败。纣（zhòu），商代最后的君主，生性残暴，后为周武王所灭。桀、纣历来被认为是两个暴君。

⑦令：号令、命令、政令。

⑧有诸己：为自己所具有的，这里指自己具有了美德。诸，兼词用法，是“之于”的合音，有“对于”之意。

⑨所藏乎身不恕：藏，积藏。恕，恕道。儒家认为，不愿意加于自身的事，对别人也不去做。这种推己及人的品德即恕道。如“其恕乎！己所不欲，勿施于人”（《论语》）。

⑩喻：使别人明白。

译文

一个家族仁爱相亲，整个邦国都会兴起仁爱之风；一个家族实行谦让，整个邦国都会兴起谦让之风；一个君王如果贪婪暴虐，整个邦国就会群起作乱：个人的作用就是如此关键。这就叫作：一句话能败坏整个事情，一个人能安定整个国家。

尧、舜用仁政来统率天下，于是民众就跟着实行仁爱；桀、纣用暴政来统治天下，于是民众就跟着凶暴。号令民众实行仁爱而自己嗜好凶暴，民众是不会服从的。因此，有道德修养的君子，先应该要求自己，然后才能要求别人。应该先去掉自身的恶习，而后才能去批评别人，使之改恶从善。如果本身藏有不合恕道的品性，却去开导别人明白善恶之道理，那是完全不可能办到的事情。

所以说要治理好邦国，首先要治理好家族。

原文

《诗》云：“桃之夭夭，其叶蓁蓁。之子于归，宜其家人①。”宜其家人，而后可以教国人。

《诗》云：“宜兄宜弟②。”宜兄宜弟，而后可以教国人。

《诗》云："其仪不忒，正是四国③。"其为父子兄弟足法，而后民法之也。

此谓治国在齐其家。

注释

①桃之夭夭：这四句诗引自《诗经·周南·桃夭》的最后一段。《桃夭》这首诗是庆贺女子出嫁时所唱的歌。夭夭（yāoyāo），草木鲜嫩、美丽的样子。诗以桃树喻少女。蓁蓁（zhēnzhēn），树叶润泽、茂盛的样子。之，此。子，女子。这个女子，这里指被嫁少女。于归，女子出嫁。

②宜兄宜弟：这句诗引自《诗经·小雅·蓼萧》。《蓼萧》这首诗是谢恩祝福的诗歌。宜兄宜弟，意为家族中兄弟之间要互相友爱团结。

③其仪不忒：这两句诗引自《诗经·曹风·鸟鸠》。仪，指礼仪。忒（tè），差错。正是，亦作"是正"，正，正大。引申为表率的意思。

译文

《诗经》写道："桃花妖娆如含笑，满枝叶儿碧又青，这个姑娘出嫁了，合家老小喜盈盈。"只有先使一个家族之人和睦相亲，而后才能教化广大的国民百姓。

《诗经》里说："家族之中情意融洽，兄弟之间团结友爱。"只有先使一个家族兄弟和睦相处，互相友爱，而后才能教化广大的国民百姓。

《诗经》写道："国君的礼仪没有差错，才能成为四方各国的表率。"国君要使自己家族中的人：作为父亲的讲慈爱，作子女的讲孝顺，作兄长的讲友爱，作弟妹的讲恭敬，只有使他们的言行足以符合道德准则，然后整个国家四方百姓才会效法。

这些都说明了国君要治理好邦国，首先要治理好家族的道理。

阅读延伸

国家，国家，仅从语词关系来看，国和家的关系就是如此血肉相连，密不可分；尤其是在以家族为中心的宗法制社会时代，家是一个小小的王国，家长就是它的国王；国是一个大大的家，国王就是它的家长。因此，无论是国王还是家（族）长都有生杀予夺的至高权力；因此，有君君、臣臣、父父、子子的规范贯穿国与家；也正因为如此，我们才能理解“治国必先齐其家”。

不过，进入现代社会，情况已发生了极大变化：一方面，国已不允许实行家长制，另一方面，家已大大地民主化。不仅君君、臣臣、父父、子子的规范已成为过去，就是孝、悌观念也日渐式微，丧失了“君子不出家而成教于国”的基本条件。而且，“其家不可教而能救人者”的现象也不是“无之”，而是不难见到了，比如说，一个优秀教师教不好自己的子女，一些当政官员的公子以身试法等等。这类事情屡见不鲜，很是令人深思。

从另一方面来看，《大学》的这一章反复强调以身作则，要求“君子有诸己而后求诸人，无诸己而后非诸人”，指出“其所令反其所好，而民不从”，“所藏乎身不恕，而能喻诸人者，未之有也。”这些思想却并不因为社会时代的变迁而失去光彩。它既是对“欲治其国者”的告诫，值得推荐给当政为官的人作为座右铭；也是对儒学“恕道”原则的阐发，可广泛应用于生活的各个方面，作为我们立身处世，待人接物的有益参照。

小故事：舜的故事

相传，舜是古代的贤君，他聪明勇敢，勤劳孝顺，深受人民爱戴。

然而，舜的身世却非常不幸。他的妈妈在舜很小的时候就死了。爸爸是一个盲人，一个人生活很不方便，就讨了第二个老婆。这个老婆又生了一个儿子叫象。舜的这个继母为人很奸诈，她常常和象一块儿欺侮舜，企图杀死舜。而舜的爸爸什么都听继母的，也一起陷害舜。

一次，舜的爸爸叫舜挖一口井。孝顺的舜拿了凿子等工具就去挖井了，谁知他们趁舜在井下挖凿的时候，一起用土把井填上了。他们以为这次舜必死无疑，就开始高高兴兴地瓜分舜的东西：象霸占了舜的琴、屋子和妻子，他的爸爸和继母则抢走了舜的牛羊和粮食。然而，正当象坐在舜的屋中弹琴时，舜却意外地站在他面前了。

原来，聪明的舜在挖井时，就已在井旁开了一个出口，当他的爸爸和继母下毒手时，他便从旁边的出口逃生了。象见舜还活着，吓得面如土色，双手僵在琴弦上，结结巴巴地说："哥——哥，我一直都、都、都很想念你。"舜明知是假，却仍笑着安慰象："弟弟，你别怕，我没事！"舜不仅不恨他的家人，并一如既往地孝敬父母，爱护弟弟。这需要多大的肚量啊！

当时的君主尧听说这件事后，对舜很钦佩，就让舜主管百官，代替自己管理天下。

后来，尧驾崩，舜为尧守孝三年。三年以后，舜顺天应人，国号为虞，所以后世也称他为虞舜。

第十章

原文

所谓平天下，在治其国者：上老老[1]而民兴孝；上长长[2]而民兴弟；上恤孤而民不倍[3]。是以君子有絜矩之道也。

注释

①老老：尊敬老人。前一个“老”字为动词，尊敬。后一个“老”字为名词，老人，老者。

②长长（zhǎngzhǎng）：尊敬长者，敬重长辈。前一“长”字作动词，意为将长辈当作长辈看。后一个“长”为名词，指长者。

③恤（xù）：体恤，怜爱，周济。孤：幼年丧父称孤。不倍：不违背。倍，背，悖。

译文

所说的是要使天下太平，根本在于先要治理好国家。这是什么道理呢？是因为国君尊敬老人，便会使孝敬之风在全国平民百姓中兴起；国君尊敬长辈，便会使敬长之风在全国平民百姓中兴起；国君怜爱救济孤儿，全国的百姓便会照样去做，下面的民众就不会违理作恶。所以，国君应当做到推己及人，在道德上起到示范的作用。

原文

所恶[1]于上，毋以使下；所恶于下，毋以事上；所恶于前，毋以先后；所恶于后，毋以从前；所恶于右，毋以交于左；所恶于左，毋以交于右，此之谓絜矩之道②。

注释

①恶（wù）：厌恶，憎恶。

②絜矩之道：儒家伦理思想之一。指君子的一言一行要在道德上有示范作用。絜（xié），量度，即测量。矩，制作方形物件的工具。

译文

我厌恶上位的人以无礼待我，我就不应以无礼对待我下边的人；我厌恶下面的人以不忠待我，我就不应以不忠来侍奉我上面的人；我厌恶前面的人以不善待我，我就不应把不善加在我后面的人身上；我厌恶后面的人以不仁待我，我就不应以不仁施于我前面的人；我厌恶右边的人以不义待我，我就不应以不义施于我左边的人；我厌恶左边的人对我不诚，我就不应以不诚对待我右边的人。这就是所讲的道德上的示范作用。

原文

《诗》云："乐只君子，民之父母①。"民之所好好之，民之所恶恶之。此之谓民之父母。

《诗》云："节彼南山，维石岩岩。赫赫师尹，民具尔瞻②。"有国者不可以不慎，辟则为天下僇矣③。

《诗》云："殷之未丧师，克配上帝。仪监于殷，峻命不易。"道④得众，则得国；失众，则失国。

注释

①乐只君子：这两句诗引自《诗经·小雅·南山有台》。乐（lè）。

只：语气助词，犹“哉”。

②节彼南山：这四句诗引自《诗经·小雅·节南山》。《节南山》这首诗是讽刺周王执政太师尹氏的。师尹：太师尹氏，是指周宣王时做过太师的尹吉甫的后代。太师是周代的三公之一。节，雄伟的样子。维，发语词。岩岩，高峻的山崖。赫赫，显耀。具，通“俱”。瞻，注视。

③辟：偏差。僇（lù）：通戮，杀戮。

④殷之未丧师：这四句诗出自《诗经·大雅·文王》。丧师，丧失众人。克，能。配，符合。仪监于殷，意为应以失败的殷商为借鉴。仪监，原诗为“宜鉴”，宜以……为借鉴。峻命，指天命。峻，大。道，指“絜矩之道”。

译文

《诗经》里说：“美好欢乐的国君，是天下平民百姓的父母。”国君应当喜爱平民百姓所喜爱的东西，应当憎恶平民百姓所憎恶的东西。这就叫做是天下平民百姓的父母。

《诗经》里说：“雄伟巍峨的终南山，山崖险峻不可攀。权势显赫的尹太师，百姓目光都注视你。”掌握着国家大权的人不可以不慎重。如有妄为出偏差，那么就会被天下百姓所不容！

《诗经》里说：“殷代尚未丧失民心的时候，还能够与上天的旨意相符合而享有统治。应当以殷商的兴亡为鉴戒，认识到守住天命永保国家并非容易。”这些说的是：统治者能在道德上起示范作用，就会得到民众的拥护，也就会享有国家；否则，就会失去民众的拥护，也就会失去国家。

原文

是故君子先慎乎①德，有德此②有人，有人此有土，有土此有财，有财此有用③。

德者，本也；财者，末也。

外本内末④，争民施夺⑤。

是故财聚则民散，财散则民聚。

是故言悖⑥而出者，亦悖而入；货悖而入者，亦悖而出。

注释

①乎：于，在。

②此：这样，这么。

③用：指供国家享用的各项货物。

④外本内末：把根本当作外，把枝叶当作内，意为喧宾夺主，主次颠倒。在此“本”指德，“末”指财。“外”意为轻视“内”，意为重视。

⑤争民施夺：争民，使平民争斗。施夺，进行抢夺。

⑥悖（bèi）：逆，意为违背正理。

译文

因此，国君首先要慎重地修养德性。有了美德，就会拥有民众；有了民众，就会拥有土地；有了土地，就会获得财富；有了财富，国家就有开支。

美德是树的根本，财富是树的枝梢。

如果国君在表面讲道德，而实际内心重财富，那么民众就会相互争利，抢夺财富之事就会发生。

所以，财富聚集在君王，平民百姓就会离散。财富散落在民间，民众就会归附在君王的周围。

因此，君王每一道违背正理的政令公布出去，必将遭到平民的违背正理的抵抗；财富不依据道理肆意搜刮而来，最终也会被别人用违背道理的手段掠夺而去。

原文

《康诰》曰："惟命不于常①。"道善则得之；不善则失之矣。

《楚书》曰："楚国无以为宝，惟善以为宝②。"

舅犯曰："亡人无以为宝，仁亲以为宝③。"

注释

①惟：只。命：天命。不于常：没有一定常规。常，始终如一。

②《楚书》句：《楚书》，楚昭王时史书。楚昭王派王孙圉出使秦国。晋国赵简子问楚国珍宝美玉现在怎么样了。王孙圉答道：楚国从来没有把美玉当作珍宝，只是把善人，如观射父、左史倚相这样德才兼优的名臣看作珍宝。事见《国语·楚语下》。汉代刘向的《新序》中也有类似的记载。楚国：古代国名。西周时立国于荆山一带，后吞并了五十多个小国，疆土不断扩大，成为春秋五霸之一，后来为秦所灭。

③舅犯：狐偃，字子犯，为晋文公重耳的舅舅，故称舅犯。亡人：流亡在外的人，指重耳。晋文公重耳是春秋时晋国国君，晋献公的儿子，公元前636至前628年在位。因晋献公听骊姬的谗言，欲立幼子为嗣，逼迫太子申生自缢而死。公子重耳避难逃亡在外十九年，在狄国时，晋献公去世。秦穆公派人劝重耳归国掌政即位，重耳将此事告知子犯，子犯以为不可，并教给他这句话。事见《礼记·檀弓下》。

译文

《康诰》里说："只有天命的去存是没有一定的常规的。"

这就是说行善积德就获得天命，不行善积德就会失掉天命。

《楚书》里说："楚国没有什么可以当作宝贝，只是把'善'当作宝贝。"

重耳的舅舅子犯教晋文公这样说："流亡在外的人没有什么可以当作宝贝，只有把热爱亲族当作宝贝。"

原文

《秦誓》①曰："若有一个臣②，断断兮③无他技。其心休休焉，其如有容④焉。人之有技，若己有之。人之彦圣⑤，其心好之，不啻⑥若自其口出。寔⑦能容之，以能保我子孙黎民，尚亦有利哉⑧。人之有技，媢⑨疾以恶之。人之彦圣，而违之俾不通⑩，寔不能容，以不能保我子孙黎民，亦曰殆哉！"

注释

①《秦誓》：出自《尚书·周书·秦誓》。为《尚书》中的篇名，是春秋时代秦穆公伐郑，在崤（xiáo）地被晋击败，归后告诫群臣所作的誓词，称作"秦誓"。通篇为悔过之词。这里引的话就是秦穆公总结出来的用人之经验。

②一个臣：《尚书》中作"一介臣"。

③断断兮：忠诚老实的样子。兮，《尚书》中作"猗"，语气助词。

④休休：善良宽厚的样子。有容：能够容人。

⑤彦圣：指德才兼美的人。彦，美。圣，通"明"。

⑥不啻（chì）：不但，不仅，不只是。

⑦寔："实"的异体字。《尚书》中作"是"，可以通用。

⑧以能：因此。尚：《尚书》中作"职"，意为"差不多"。

⑨媢（mào）：嫉妒。《尚书》中作"冒"。

⑩违：阻止压抑别人。俾（bǐ）：使。不通：即不达于君。"通"字，《尚书》中作"达"。

译文

《秦誓》里说："如果有这样的一位臣子，忠实诚恳而没有其他本领，但他品德高尚，心地宽厚，能够容纳他人。别人有本领，就好像他自己有本领一样；别人具有美德、本领高强，他不只是口中经常称赞，而且从内心确实很喜欢。这种心胸宽广的人如果加以重用的话，那是完全可以保全我的子孙后代和臣民之幸福的，也是完全可以为我的子孙后代和臣民谋利益的。反之，别人有本领，便嫉妒和厌恶别人；别人具有美德，便故意压抑阻止，使得别人的美德不能被国君所了解。这种心胸狭窄的人如果加以重用，那是不能够保全我子孙后代和臣民的幸福的。这种人对国家来说也实在是太危险了。”

原文

唯仁人放流之①，迸诸四夷②，不与同中国③。此谓“唯仁人为能爱人，能恶人”。

见贤而不能举，举而不能先，命④也。见不善而不能退⑤，退而不能远，过也。

好人之所恶，恶人之所好，是谓拂人之性，菑必逮夫⑥身。

是故君子有大道，必忠信以得之，骄泰⑦以失之。

注释

①放流之：放流，流放，放逐。之，指代上述不能容人的人。

②迸诸四夷：迸（bǐng），通“屏”，逐退，驱除。四夷，四方之夷。古代泛指我国四方边境的少数民族。东夷、西戎、南蛮、北狄谓之四夷。夷是对古代东方部族的蔑称。

③中国：全国的中心地区。古代汉族多建都于黄河南北，故称其地为“中国”。与现在的“中国”一词含义不同，而与“中原”、“中土”、“中州”、“中夏”、“中华”等含义相同。

④举：推举，任用。先：尽早地使用。命：郑玄说“命”应“当作慢”。慢即轻慢、怠慢的意思。

⑤退：离去，引申为摈斥、罢退。

⑥拂：违背。菑（zāi）：“灾”的异体字，灾祸。逮夫：逮，及，到。夫（fú），助词，此。

⑦骄泰：骄恣放纵。

译文

只有那有仁德的国君，才会把这种嫉贤妒能的人流放，驱逐到四夷居住的边远地方。不许他与贤能的人同住在中原大地。这就是说，只有具有仁德的人，才懂得该爱什么样的人，该恨什么样的人。

发现了贤才却不能推荐他，或者虽然推荐了却不能尽早地重用他，这是以怠慢的态度对待贤才。发现了不贤的人却不能罢退他，或者即便罢退了，但不能把他放逐到边远的地方去，这是政治上的过错。

喜爱人们所憎恶的东西，憎恶人们所喜爱的事情，这就是说违背了人的本性，灾祸就一定会降落到自己的身上。

所以，国君要具有在道德上起示范作用的大道理，就必须以忠诚仁义的态度去获得它，反之，如果态度骄恣放纵，那就会失掉它。

原文

生财有大道，生之者众，食之者寡，为之者疾①，用之者舒②，则财恒足矣！

仁者以财发身③，不仁者以身发财。

未有上好仁，而下不好义者也；未有好义，其事不终④者也；未有府库⑤财，非其财⑥者也。

注释

①疾：迅速。

②舒：舒缓，适当。

③发身：发，发起、发达，引申为提高。发身，提高自身的品德修养。

④终：完成。

⑤府库：古代国家收藏财物或文书的地方。

⑥非其财：不是君王的财富。意为由于君王无道，失去君王权位，财富最终不为他所有了。

译文

创造财富有条重要的原理，这就是要使生产财富的人众多，消耗财富的人数减少。管理财富的人勤快，动用财富的人节俭。这么做才能使国家财富经常保持充足。

具有仁德的人士使用财富来完善自身的品性，没有仁德的人们却用生命去聚敛财富。

没有听说过君王好仁乐义，而下面的臣民不喜欢仁义的道理；没有听说过下面的臣民爱好仁义，而不能帮助君王完成其事业的道理；没有听说过国家府库里存有财富，而财富不属于国家君王所有的道理。

原文

孟献子①曰：“畜马乘②，不察于鸡豚③；伐冰之家④，不畜牛羊；百乘之家⑤，不畜聚敛⑥之臣，与其有聚敛之臣，宁有盗臣⑦。”此谓国不以利为利，以义为利也。

长⑧国家而务⑨财用者，必自小人矣。彼⑩为善之，小人之使为国家，菑害并至，虽有善者，亦无如之何⑪矣。此谓国不以利为利，以义为利也。

注释

①孟献子：鲁国的大夫，姓仲孙名蔑。

②畜马乘：指初作大夫官的人。畜，养。乘（shèng），古时一车四马为一乘，指用四匹马拉的车。

③不察于鸡豚：意为做了大官的人，不应该计较养鸡养猪的小财利。察，细看，关注，引申为计较。豚（tún），小猪，这里泛指猪。

④伐冰之家：古代丧祭时能用凿冰进行保存遗体的家族，指卿大夫。伐，凿。

⑤百乘之家：拥有一百辆车乘的家族。《孟子·梁惠王上》："千乘之国，弑其君者，必百乘之家。"赵岐注："百乘之家，谓大国之卿。"家，据《周礼·大司马》郑玄注："有谓采地者之臣民。古时执政大夫皆有一定的封邑，或称采地，拥有这种封邑的大夫叫家。

⑥聚敛：聚，聚集。敛，征收。

⑦盗臣：盗窃府库钱财的家臣。

⑧长（zhǎng）：成为国家之长，即君王。

⑨务：专心。

⑩彼：指统治国家的君王。

⑪无如之何：无法对付。

译文

孟献子说："拥有四匹马拉的车的大夫，就不应该再去计较那些养鸡养猪之类的琐事；能够享用凿冰丧祭的卿大夫，就不应该再饲养牛羊；达到拥有百辆兵车的卿大夫，就不应该收养那只顾聚敛民财的家臣，与其有这种聚敛民财的家臣，还不如有那种盗窃府库财物的臣子。"这就是说治理国家不能以捞取财富为利益，而应该以倡导仁义为利益。

治理国家的君王专门致力于财富的聚敛，这一定是出自小人的主意。君王以为小人是心存善良的人，如果国君任用奸臣小人处理国家事务，那么天灾人祸就一定会同时到来。到那时，虽然有善人贤才出来收拾残局，也是无可奈何，挽救不了的。这说明治理国家不应以追逐财富为利益，而应以崇尚仁义为利益。

阅读延伸

这是《大学》的最后一章，具有结尾的性质。全章在阐释“平天下在治其国”的主题下，具体展开了如下几方面的内容，一、君子有絜矩之道。二、民心的重要：得众则得国，失众则失国。三、德行的重要：德本财末。四、用人的问题：唯仁人为能爱人，能恶人。五、利与义的问题：国不以利为利，以义为利。

所谓絜矩之道，是与前一章所强调的“恕道”一脉相承的。如果说，“恕道”重点强调的是“己所不欲，勿施于人”的将心比己方面，那么，“絜矩之道”则是重在强调以身作则的示范作用方面。如孔子对季康子说：“当政者的德行好比是风，老百姓的德行好比是草，只要风吹草上，草必然随风倒伏。”（《论语·颜渊》）世道人心，上行下效。关键是看你说什么，提倡什么，做什么。榜样的力量是无穷的，领袖的力量更是不可估量的。所以，当政治国的人必须要有“絜矩之道”。

关于民心的重要性，已经是古往今来都勿庸置疑的了。水能载舟，也能覆舟。不过，道理虽然是勿庸置疑的，但纵观历史，却往往是当局者迷，旁观者清。所以，才会有王朝的更迭，江山的改姓，当政者“为天下僇”。

德行是儒学反复记述、强调的中心问题之一。把德与财对举起来进行比较，提出“德本财末”的思想，尽管从儒学的全部治国方略来看，也有“先富后教”（《论语·子路》）、“有恒产者有恒心”（《孟子·滕文公上》）等强调经济基础的思想，但总的说来，重精神而轻物质，崇德而抑财的倾向仍是非常突出的。

正因为“德本财末”，因为德行对于治国平天下有第一位的重要作用，所以就牵涉一个用人的问题。而在用人的问题上，同样是品德第一，才能第二。对于这一点，《大学》不厌其烦地引述了《尚书·秦誓》里的一大段话，说明一个人即使没有什么才能，但只要心胸宽广能容人，“宰相肚里能撑船”，便可以重用。相反，即使你非常有才能，但如果你嫉贤妒能，容不得人，也是危害无穷，不能任用的。所以，“唯仁人为能爱人，能恶人。”当政治国的人必须要有识别人才的本领。

与“德本财末”密切相关的另一对范畴便是“利”与“义”。

为了阐述“利”与“义”的关系问题，《大学》提出了“生财有大道”的看法，即生产的人多，消费的人少；生产的人勤奋，消费的人节省。这是一段很富于经济学色彩的论述，浅显易懂而勿庸置疑。值得我们注意的倒是下面的两句话：“仁者以财发身，不仁者以身发财，”“以财发身”的人把财产看作身外之物，所以能仗义疏财以修养自身的德行。就像著名的列夫·托尔斯泰那样，解散农奴，实行自身禁欲，以实现良心与道德的自我完善，“以身发财”的人爱财如命，奉行“人为财死，鸟为食亡”的原则，不惜以生命为代价去敛钱发财。或贪赃枉法，铤而走险，或贪婪吝啬如巴尔扎克笔下的葛朗台，果戈理笔下的泼留希金等。都是“终朝只恨聚无多，及到多时眼闭了。”（《红楼梦》中的《好了歌》）所以，还是“以财发身”，超脱一点儿好。

总起来说，这一章收束《大学》全篇，内容丰富，包含了儒学的不少重要思想。我们将会看到，这些思想在《中庸》、《论语》、《孟子》等儒家经典中还有反复的论述和展开。

中 庸

《中庸》的理学

子思“尊德性而道问学，致广大而尽精微，极高明而道中庸”。子思把孔门传授心法用笔记下，以授孟子，这就是《中庸》一书。

子思在《中庸》里言天命性道，说理至精，论道至微，为一大理学书。他的理想，确是前后一贯，与师曾子所传孔子一贯之道亦合，直接承继并系统阐述发挥孔子之道。现就其要点分述如下：

1. 天命性道。子贡说：“夫子之言性与天道，不可得而闻也。”孔子说：“性相近也习相远也。”孔子并未明说过天命性道。虽《易经》的注释《十翼》相传为孔子所作，但《十翼》所说的吉凶消长之理、进退存亡之道，都是人生寻常所容易见到的，并非后世谶纬术数之学可比。只有《中庸》开宗明义第一章就说：“天命之谓性，率性之谓道，修道之谓教。”这与《老子》中讲的“圣法天，天法道，道法自然”不相合。老子未曾谈到教，就是只讲自然，没有讲人为，这就有区别。

《中庸》又说：“道也者不可须臾离也，可离非道也，是故君子，戒慎乎其所不睹，恐惧乎其所不闻。”这就是说明“率性之谓道”。道如果可离，怎能叫做率性。又说：“道之不行也，我知之矣，智者过之，愚者不及也，道之不明也，我知之矣，贤者过之，不肖者不及也。”可见道就是“中”。“和也者，天下之达道也”，可见道就是“和”。朱熹注说：“中为道之体，和为道之用”。确乎不差。又说：“君子之道，费而隐；夫妇之愚不肖，能知能行，及其至也，虽圣人有所不知不能。”这能知能行，就是率性。圣人不知不能，就是天命。

《中庸》中又说："忠恕违道不远，施诸己而不愿，亦勿施于人。"忠和恕都是人性所固有，所以叫做"道不远人"。又说："君子之道，辟如行远，必自迩；辟如登高，必自卑。"这登高行远，就是察乎天地，就是圣人不知不能，就是天命。自迩自卑，就是造端乎夫妇，就是能知能行，就是率性。由此可见，《中庸》所说的天命性道，是一贯的。

2. "中和"与"中庸"。《论语》载：子曰："中庸之为德也，其至矣乎！民鲜久矣。"子曰："过犹不及。"这就是孔子主张"中庸"的论说。后子思作《中庸》，将中庸二字作依据，继承发挥，系统成书。不过他未说中庸以前，为便于学者理解，先说中和作为过渡，因中和与中庸关系密切。《中庸》说："喜怒哀乐之未发，谓之中；发而皆中节，谓之和；中也者，天下之大本也，和也者，天下之达道也，致中和，天地位焉，万物育焉。"朱熹注曰："中为道之体，和为道之用。"再看庄子《齐物论》说："惟达者知通为一，为是不用而寓诸庸，庸也者用也，用也者通也，通也者得也。"由上可知"和"为用，"庸"也为用。那么可说"中和"就是"中庸"。

《中庸》里载有孔子直接论述中庸的语录多达八次。由此看来，子思的《中庸》就是孔门的心法，就是做人的道德。

现将子思的《中庸》与希腊哲学家亚里斯多德的《伦理学》作一比较，供读者参考。

亚里斯多德说：中庸之德，就是不过多，也不过少，不趋于两极端的。他的分类如下：

①勇气，为恐怖和粗暴之中庸所存的德。

②节制，为逸乐和拘守之中庸所存的德。

③惠与，为奢侈和吝啬之中庸所存的德。

④壮大，为豪奢和刻薄之中庸所存的德。

⑤大度，为傲慢和卑屈之中庸所存的德。

⑥温和，为忿怒和圆滑之中庸所存的德。

⑦谦让，为倨傲和畏葸之中庸所存的德。

⑧机智，为谐谑和鄙野之中庸所存的德。

⑨友爱，为阿谀和简慢之中庸所存的德。

以上九条是比子思晚一个世纪的亚里斯多德的观点。

3. 关于“诚”。唐代韩愈说：“子思之学盖出曾子。”的确，曾子作《大学》说诚意，子思作《中庸》也说诚。不过，《大学》说诚，只说人道，而《中庸》说诚，人道以外还兼说天道。有的是解释人生道德，有的是解释宇宙本体。因子思作《中庸》开宗明义就讲天命性道。所以说到诚字，也是从天道、人道两方面而立言的，这就是和《大学》不同的地方。

现在把关于诚字的话举例如下：第二十章里有：“诚者，天之道也；诚之者，人之道也。诚者，不勉而中，不思而得，从容中道，圣人也。诚之者，择善而固执之者也。”再有：“自诚明谓之性；自明诚谓之教；诚则明矣；明则诚矣。”还有“诚者自成也，而道自道也”等多次阐发。

子思就天道人道而说“诚”，就是宋儒理气二元论的开端。因为子思说“诚”名为一元，而实仍为二元，所以有此结果。

理学，亦称道学。宋明两朝儒家哲学思想。汉朝儒家（主要是古文经学派）治经侧重名物训诂，宋朝儒家则多以阐释义理、兼谈性命为主，故有此称。

中庸之道的理论基础是天人合一。通常人们讲天人合一主要是从哲学上讲，大都从《孟子》的“尽其心者，知其性也；知其性，则知天矣”（《尽心》）讲起，而忽略中庸之道的天人合一，更忽视了天人合一的真实含义。天人合一的真实含义是合一于至诚、至善，达到“致中和，天地位焉，万物育焉”、“唯天下至诚，为能尽其性。能尽其性则能尽人之性；能尽人之性，则能尽物之性；能尽物之性，则可以赞天地之化育；可以赞天地之化育，则可以与天地参矣”的境界。“与天地参”是天人合一。这才是《中庸》天人合一的真实含义。因而《中庸》始于“天命之谓性，率性之谓道，修道之谓教”而终于“‘上天之载，无声无臭。’至矣”。这就是圣人所要达到的最高境界，这才是真正意义上的天人合一。天人合一的天是善良美好的天，天人合一的人是像善良美好的天那样善良美好的人，天人合一就是人们自觉修养所达到像美好善良的天一样造福于人类和自然理想境界。

中 庸

原文

子程子曰：不偏之谓中，不易之谓庸；中者，天下之正道，庸者，天下之定理。此篇乃孔门传授心法①，子思②恐其久而差也，故笔③之于书，以授孟子④。其书始言一理，中散为万事，末复合为一理。放之则弥六合⑤，卷之则退藏于密⑥。其味无穷，皆实学也。善读者玩索⑦而有得焉，则终身用之，有不能尽者矣。

注释

①心法：口授心得的方法，非笔墨所能尽传。

②子思：子思（前483—前402）是战国初哲学家。姓孔，名伋。孔子之孙。相传曾受业于曾子。他把儒家的道德观念“诚”说成是世界的本原，以“中庸”为其学说的核心。孟子曾受业于他的门人，将其学说加以发挥，形成了“思孟学派”。后被封建统治者尊为“述圣”。《汉书·艺文志》著录的《子思》二十三篇，已佚。现存《礼记》中的《中庸》、《表记》、《坊记》等，相传是子思的著作。

③笔：这里是名词活用作动词，为“记录”的意思。

④孟子：孟子（前372—前289年），战国时思想家、政治家、教育家。名轲，字子舆。邹（今山东邹县东南）人。受业于子思的门人。历游齐、宋、滕、魏等国，一度任齐宣王客卿。因主张不见用，退而与弟子万章等著书立说。在儒家哲学中形成一个唯心主义的理论体系，对后来宋儒有很大影响，被认为是孔子学说的继承者，有“亚圣”之称。

著作有《孟子》。

⑤弥：满、遍。六合：指天地四方，也泛指天下。

⑥密：此指隐秘的内心。

⑦玩索：领会探求。

译文

夫子程颐先生说：不偏于一方叫做“中”，不改变常规叫“庸”。“中”的意思是天下的正道，“庸”的意思是天下的定理。这篇《中庸》是孔门传授心得的方法，子思恐怕年代久了传授会有差错，所以把它写录成书，传授给孟子。这本书开始只说一个道理，中间分开为各种事体，最后又综合起来归结到一个道理上来。这个道理，放开来可以充塞天地四方，收拢来可以深藏于隐密的内心。它的意味是无穷的，都是实实在在的学问。善于读书的人如果反复领会探求，心里必然会有所收获，那就一辈子也受用不完了。

第一章

原文

天命之谓性①，率性之谓道②，修道之谓教③。

道也者，不可须臾④离也；可离，非道也。是故君子戒慎乎其所不睹，恐惧乎其所不闻。莫见乎隐⑤，莫显乎微⑥，故君子慎其独也。

注释

①天命之谓性：天命，即天理。儒家认为，天理表现为阴、阳及金、木、水、火、土五行。上天把天理赋予人，形成人的仁、义、礼、智、信等品德，这就是人的性。之，助词。谓，称作。

②率性之谓道：率，遵循。道，指事物运动变化所应遵循的普遍规律。也就是说人们必须遵循的原则，即按照天命决定的人性去行动，否则就是大逆不道。

③修道之谓教：修道，按照道德的原则修养自身。教，政教、教化。统治阶级通过精神感化的方法实行统治，即是儒家主张的教化。这种教化必须遵循正道的原则。

④须臾（yú）：片刻。

⑤莫见乎隐：莫，无，没有。见（xiàn），同“现”，表现，体现。乎，同“于”，表示比较。隐，隐蔽，暗处。此指心中微妙的变化。

⑥莫显乎微：显，显著，显露。微，小事，细微。此指一般人觉察不到的事情。

译文

上天把天理赋予人形成品德就是“性”，遵循本性自然发展的原则而行动就是“道”，圣人把道加以修明并推广于民众就是“教”。

“道”是不可以片刻离开的，如果能片刻离开，那就不是“道”了。因此，有德行的人就是在别人眼睛看不到的地方，也是谨慎检点，就是在别人耳朵听不到的地方，也是怀着恐惧心理而加以注意。没有比处在幽暗之中更为显著的，没有比置于细微之处更为显明的。所以君子在一个人独处的时候要十分谨慎。

原文

喜怒哀乐之未发，谓之中①；发而皆中节②，谓之和。中也者，天下之大本也；和也者，天下之达道③也。致④中和，天地位焉，万物育焉。

注释

①谓之中：是人们说的中。中，无过与不及，不偏不倚。《中庸》篇认为，人的内心处于虚静淡然，不偏不倚的境界，称为“中”。

②发而皆中节：发，表露。中（zhòng），适合，符合。节，法度，常理。《中庸》篇认为，人的喜怒哀乐的感情要符合常理，做到这一点，情感中正和谐，这就是“和”。

③达道：《中庸》篇认为，人的感情和谐，就是天下共同遵循的道理，所以称“达道”。

④致：通“至”，到达。

译文

人们喜怒哀乐的感情没有表露出来的时候（这时人的内心处于虚

静淡然、不偏不倚的境界）称为“中”。表露出来以后符合自然常理、社会法度（做到这一点，情感中正和谐）称为“和”。“中”是天下人的最大的根本；“和”是天下人共行的普遍原则。达到了“中和”的境地，天地便各在其位而运行不息，万物便各得其所生长发育了。

阅读延伸

这是《中庸》的第一章，从道不可片刻离开引入话题，强调在《大学》里面也阐述过的“慎其独”问题，要求人们加强自觉性，真心诚意地顺着天赋的本性行事，按道的原则修养自身。

解决了上述思想问题后，本章才正面提出“中和”（即中庸）这一范畴，进入全篇的主题。

作为儒学的重要范畴之一，历来对“中庸”有各种各样的理解。本章是从情感的角度切入，对“中”、“和”作正面的基本的解释。按照本章的意思，在一个人还没有表现出喜怒哀乐的情感时，心中是平静淡然的，所以叫做“中”，但喜怒哀乐是人人都有而不可避免的，它们必然要表现出来。表现出来而符合常理，有节度，这就叫做“和”。二者协调和谐，这便是“中和”。人人都达到“中和”的境界，大家心平气和，社会秩序井然，天下也就太平无事了。

本章具有全篇总纲的性质，以下十章（2－11）都围绕本章内容而展开。

《中庸》原来也是《礼记》中的一篇，一般认为它出于孔子的孙子子思（前483－前402）之手。据《史记·孔子世家》记载，孔子的儿子名叫孔鲤，字伯鱼；伯鱼的儿子名叫孔伋，字子思。孔子去世后，儒家分为八派，子思是其中一派。荀子把子思和孟子看成是一派。从师承关系来看，子思学于孔子的得意弟子之一曾子，孟子又学于子思；从《中庸》和《孟子》的基本观点来看，也大体上是相同的。所以有“思孟学派”的说法。后代因此而尊称子思为“述圣”。不过，现存的《中庸》，已经经过秦代儒者的修改，大致写定于秦统一全国后不久。所以名篇方式已不同于《大学》，不是取正义开头的两个字为题，而是撮取文章的中心内容为题了。

早在西汉时代就有专门解释《中庸》的著作，《汉书·艺文志》载录有《中庸说》二篇，以后各代都有关于这方面的著作相沿不绝。但影响最大的还是朱熹的《中庸章句》，他把《中庸》与《大学》、《论语》、《孟子》合在一起，使它成为“四书”之一，成为后世读书人求取功名的阶梯。

朱熹认为《中庸》“忧深言切，虑远说详”，“历选前圣之书，所以提挈纲维，开示蕴奥，未有若是之明且尽者也。）（《中庸章句·序》）并且在《中庸章句》的开头引用程颐的话，强调《中庸》是“孔门传授心法”的著作，“放之则弥六合，卷之则退藏于密”，其味无穷，都是实用的学问。善于阅读的人只要仔细玩味，便可以终身受用不尽。

程颐的说法也许有些过头，但《中庸》的确是内容丰富，不仅提出了“中庸”作为儒家的最高道德标难，而且还以此为基础讨论了一系列的问题，涉及到儒家学说的各个方面。所以，《中庸》被推崇为“实学”，被视为可供人们终身受用的经典，这也绝不是偶然的。

第二章

原文

仲尼①曰：“君子中庸②，小人反中庸。君子之中庸也，君子而时中③。小人之反中庸也，小人而无忌惮④也。”

注释

①仲尼：孔子，名丘，字仲尼。

②中庸：中，不偏不倚，既不过分也无不足。庸，平常。中庸是儒家的最高道德标准。

③时中：意为时时处处言行符合中庸之道。

④忌惮（dàn）：顾忌和畏惧。

译文

孔子说：“君子的言行做到符合中庸的道德标准，小人的言行违背了中庸的道德标准。君子之所以能够达到中庸的标准，是因为君子的言行时时处处符合中庸之道，小人之所以违背中庸的标准，是因为小人所作所为肆无忌惮。”

阅读延伸

孔子的学生子贡曾经问孔子：“子张和子夏哪一个贤一些？”孔子回答说：“子张过分；子夏不够。”

子贡问：“那么是子张贤一些吗？”孔子说：“过分与不够是一样

的。”（《论语·先进》）

这一段话是对“君子而时中”的生动说明。也就是说，过分与不够貌似不同，其实质却都是一样的，都不符合中庸的要求。中庸的要求是恰到好处，如宋玉笔下的大美人东家之子：“增之一分则太长，减之一分则太短；著粉则太白，施朱则太赤。”（《登徒子好色赋》）

所以，中庸就是恰到好处。

第三章

原文

子曰：“中庸其至矣乎！民鲜①能久矣。”

注释

①鲜（xiǎn）：少。这句话可参看《论语·雍也》：“子曰：‘中庸之为德也，其至矣乎！民鲜久矣。’”其，表示推测、不肯定。

译文

孔子说：“中庸可以说是最高的道德标准了，可人们却很少有人能长久地实行它了。”

阅读延伸

可见，中庸之道是最高的德行，原因就在于很少有人能够真正去履行它，我们这些平常人往往不明白其中的真谛，甚至居于高位的人同样也不能按照中庸的道理行事。所以中庸才显得最高，行中庸之道才显得难能可贵。

那么，为什么“中庸”这种智慧曲高和寡呢？因为我们每个人都有趋利避害的天性，这种天性使我们不仅仅满足于吃得饱、穿得暖，还有更多的欲望、有更多对于美好事物的追求。然而，对美好事物的追求如果无节制地膨胀下去，就会变成贪婪的欲望，即使再美好的事物也会变得丑陋了。人们为了自己生活得更好，社会地位更优越，得到更多的赞誉和尊敬，就产生了追名逐利的欲望。于是，人们不再仅仅为了生存而忙碌，还为了与利去拼杀，欲望贪婪的人，无法正常生活和工作，他们没有满足的时候，就违背事物的规律做事，在恰当的时候做不恰当的事，渐渐偏离了事物发展的正轨，这就是孔子所说的做事“过了”。这样的人自然无法依照中庸之道立身处世。古今中外，那些恃才傲物、好大喜功，不明白见好就收，不知道“水满则溢、月满则亏”道理的人屡见不鲜，这恰恰就是中庸之道不容易施行的最好证据。

与此同时，我们趋利避害的天性催生出了另外一类人。这类人与那些为了达到目的而肆无忌惮的人不同，他们甘于平庸，不思上进，凡事都偷懒拖拉，做事“差不多就行”，根本无心干一番轰轰烈烈的事业。这类人做事就是所谓的“不及”，他们同样也不能以中庸之道来待人处世。这样说来，中庸之道确实是很难施行的，所以更应该把它当作一种行为规范，加以提倡。

中庸之道虽然看似平常普通，但是越平常普通的事情往往越难做到极致。不过，即使中庸之道“民鲜能久矣”，但却绝对不是不可能做到之事，只要按照上面提及的原则去做，相信你一定可以成为贯彻“中庸”之道的典范。

第四章

原文

子曰："道①之不行也，我知之矣，知者②过之，愚者不及也。道之不明也，我知之矣，贤者过之，不肖者③不及也。人莫不饮食也，鲜能知味也。"

注释

①道：指中庸之道。

②知者：有智慧、有教养的人。知（zhì），同"智"。

③不肖者：原意是不像祖先那样有良好品德的人。这里指不贤的人或指卑贱之徒。肖，像。

译文

孔子说："中庸的道理不能实行于世，我知道原因了。聪明的人实行时超过了它的规范，愚笨的人实行时又达不到它的规范。中庸的道理不能显明于世，我知道原因了。贤能的人常常超过规范，不贤人的常常达不到规范，这正像人们没有谁不吃不喝，但很少有人能品尝其中的滋味。"

阅读延伸

还是过与不及的问题。正因为要么太过，要么不及，所以，总是不能做得恰到好处。而无论是过还是不及，无论是智还是愚，或者说，无论是贤还是不肖，都是因为缺乏对“道”的自觉性，正如人们每天都在吃吃喝喝，但却很少有人真正品味一样，人们虽然也在按照一定的道德规范行事，但由于自觉性不高，在大多数情况下不是做得过了头就是做得不够，难以达到“中和”的恰到好处。所以，提高自觉性是推行中庸之道至关重要的一环。

小故事：过犹不及，物极则反

有一次，鲁定公饶有兴致地问颜回道：“先生，您听说过东野毕很擅长于驾马吧?”

颜回答道：“擅长是很擅长，不过他的马将来必会跑掉。”

鲁定公听了很不高兴，东野毕擅长驾马是众所周知之事，可如今，颜回却说他驾的马必会跑掉，不知颜回是何用心。便对着旁边的人说：“原来君子也会诬人啊！”

颜回听后，并没有辩白什么，退了出去。

在颜回离开后三天，掌管畜牧的官员突然跑来报告鲁定公说：“东野毕驾的马不听使唤，挣脱缰绳，车旁的两匹马拖着中间的两匹马，一起回到马厩里了。”

鲁定公一听，惊坐而起，急忙唤人派车将颜回召来。

颜回到后，鲁定公便向颜回请教道：“前天，寡人问您东野毕擅长驾马的事，先生您说，擅长是很擅长，但是他驾的马必将跑掉。不知您是如何预先知道的呢?”

颜回起身答道：“臣是以政事推测出来的。以前的时候，舜帝善于使用民力，造父擅长使用马力。舜帝不穷尽民力，造父不穷尽马力，因此在舜王的那个时代，没有避世隐居或是逃走的人，而造父手下，也没有不听指示逃离的马。但现在东野毕在驾马的时候，虽然骑着马，拿着缰绳，姿态很端正，驾马的缓急快慢，进退奔走，也很合适，只是当经历险阻到达远方之后，马已经筋疲力尽了，他却仍然对马责求不止，臣是从这里推想到的。”

鲁定公很赞赏地说道："原来如此啊！果真如您所言。不过，先生您话中的含义很大，能不能再稍进一步说明呢？"

颜回说："臣曾听说过，当鸟被逼急时就要啄人，兽逼急了就用爪子乱抓，而人被逼得没办法时便要欺诈、叛乱，马被逼过头了自然就会逃奔。从古到今，没有能使其手下处于极点，而自己没有危险的啊！"

鲁定公听了颜回的话后很高兴，感到非常受益，也很佩服颜回的智慧与德行，便将此事告诉了孔夫子，夫子听后，微笑着说："这就是颜回之所以为颜回了，都是这个样子的啊，难道还值得赞许吗？"

颜回观东野毕驾马，却以舜王政事断定有佚马之后果，二者之间并看似无关联，然而道理却相同，那就是：过犹不及，物极则反。

舜王为圣王，不穷其民力，人民安居乐业，因此没有佚民。东野毕虽然很有一套御马的技术，但对马却无体谅之心，一味穷马力而奔波，马自然不堪忍受而奔逃，这就如后来的秦王朝繁政扰民、刑法严酷，弄得民不聊生、鸡犬不宁，必然也就会遭致覆亡了。

凡事如果以私心，做过了，必然会走向反面，得到不好的结果。古人推崇"中庸"之道，以利他之心待人待物，不偏不倚，就可做到恰到好处。若善于将此信念时时运用到生活中，便无往而不利。

第五章

原文

子曰："道其①不行矣夫②！"

注释

①其：语气助词，表示推测。

②矣夫（fú）：叹词，表示感叹。

译文

孔子说："中庸的道理恐怕不能在世上实行了啊！"

阅读延伸

前面一章说了中庸无法弘扬的原因，就像日常的吃饭喝水一样，很多人不能理解其中的滋味和道理。在此基础上，孔子又深深感叹中庸无法实行了。"人莫不饮食，鲜能知味也"。为什么食而不知其味呢？为什么眠而多梦呢？这是因为我们心在别处。心本来在这儿，由于杂务缠身，很多事情使人们灵魂出窍飘飘忽忽，心不在胸中，思维不在脑中，出现这样的情况，必然是心在别处。"子曰：'道其不行矣夫?'"是以自我反问的方式提问，大道真的不能实行起来了吗？从表面看这是一种将信将疑的态度，然而实际上孔子认为大道是能实行的，因为孔子自己就是一位"知其不可为而为之"的人。在这个茫茫世界，大道真的就实行不起来吗？大道真的就消隐了吗？大道真的就没有了吗？这里隐含的本体问题是：如果大道真的没有，那么知识分子作为人类精英，其存在还有什么意义什么价值呢？因为，知识分子和精英存在的意义就是担当道义，甚至说就是“天下为公”的仲裁者、担当者，正是因为他们用自己已明白的道理去启蒙自己，同时也启蒙他人，整个社会才是“大道之行也，天下为公”，否则天下为私，整个社会人欲横流，也就不成其为仁人志士的社会了。这里，孔子通过一种带有反问和自我疑问的方式，肯定大道是要仁人志士的努力才能够传下去，不去实践不去努力，道必然远离人和人类。

第六章

原文

子曰："舜[1]其大知[2]也与！舜好问而好察迩言[3]，隐恶而扬善[4]，执其两端[5]，用其中于[6]民，其斯以为舜乎[7]！"

注释

①舜：传说中我国古代父系氏族社会后期的部落联盟的领袖，姓姚，有虞氏，名重华，史称虞舜。

②知（zhì）：同"智"。

③迩（ěr）言：浅近之言。《诗经·小雅·小旻》："维迩言是听，维迩言是争。"迩，近。

④隐恶而扬善："恶"指不符合中庸之道的言论。"善"指符合中庸之道的言论。

⑤执其两端：掌握事物的两方面的极端。指智者、贤者与愚者、不肖者对于中庸之道的过分与不足两个极端。

⑥用其中：即折中，指运用两端中含有中庸之道的道理。

⑦其斯以为舜乎：斯，此，这。"舜"在此的含意为仁义盛明。

译文

孔子说："舜帝真可算得是一个极其明智的人了吧！他喜欢向别人求教，而且善于对那些浅近的话进行仔细审察。听到不合理的恶言便包涵起来，听到合理的善言便加以表扬，他度量人们认识上两个极端的偏向，而用中庸之道去引导他们。这就是虞舜之所以能成为舜帝的原因啊！”

阅读延伸

隐恶扬善，执两用中。既是不偏不倚、无过无不及的中庸之道，又是杰出的领导艺术。

要真正做到，当然得有非同一般的大智慧。困难之一在于，要做到执两用中，不仅要有对于中庸之道的自觉意识，而且得有丰富的经验和过人的识见。

困难之二在于，要做到隐恶扬善，更得有博大的胸襟和宽容的气度。对于一般人来说，不隐你的善扬你的恶就算是谢天谢地了，岂敢奢望他隐你的恶而扬你的善！

如此看来，仅有大智慧都还不一定做得到隐恶扬善，还得有大仁义才行啊。

大智大仁的舜帝毕竟只有一个，不然的话，孔圣人又怎么会感叹又感叹呢？

所以古代贤明的君主之所以得到百姓的拥戴，在于他们采取中庸的态度来治理国家、安抚百姓。他们处理事情的时候，并不是谁的话都听，也不是谁的话都不听，而是在许多方案的基础上，折中调和出一个好方案。

小故事：孝顺的舜

很久很久以前，有个叫瞽叟（gǔsǒu）的盲人，有天晚上做了一个奇怪的梦，他梦见一只凤凰，嘴里衔了米来喂他，并且告诉他说自己的名字叫雉（zhì），是来给他做儿子的。瞽叟醒来，非常惊奇，后来他果然有了一个儿子，取名叫舜。据说，舜的眼睛和一般人的眼睛不同，一只眼睛里有两个瞳仁。

舜的父亲是个瞎子，后妈心地很坏，弟弟象又非常懒惰，所以家里所有的事情都落到舜的肩膀上，舜每天要干许多活来养活全家人。即使这样，舜的后妈仍然很讨厌舜，总是在舜的父亲面前说舜的坏话，弟弟象更是经常欺侮他，还总是想办法要整死舜。但是，心地善良的舜依然对父母非常孝顺，对弟弟十分友善。有危险的时候他会及时逃避，情况稍有好转，他马上回去，继续照顾他们。

相传舜在20岁的时候，名气就很大了，他是以孝顺而闻名的。人们都愿意跟随舜，于是他成了大家的领袖。

第七章

原文

子曰："人皆曰予知①，驱而纳诸罟擭陷阱之中②，而莫之知辟③也。人皆曰予知，择乎中庸，而不能期月④守也。"

注释

①予知：予，我，此处指"大我"，泛指一般人。知，同"智"，"明智"之意。

②"驱而"句：纳：纳入，引申为落入。罟（gǔ）：网的总称，也指捕兽的网。《易·系辞下》："作结绳而为罔罟。"擭（huò）：安装有机关的捕兽木笼。陷阱：捕捉野兽的地坑深井，上有伪装，下有锋刃。"罟擭陷阱"比喻利欲的圈套。

③辟（bì）：同"避"字，躲避。

④期（jī）月：一整月。这里指时间短暂。

译文

孔子说："人人都说'我是明智的'，但是在利欲的驱使下，他们却都像禽兽那样落入捕网、木笼和陷井之中，连躲避都不知道了。人人都说'我是明智的'，但是选择了中庸之道，却连一个月的时间也不能坚持实行下去。"

阅读延伸

聪明反被聪明误。自以为聪明失好走极端，走偏锋，不知适可而止，不合中庸之道，所以往往自投罗网而自己却还不知道。

另一方面，虽然知道适可而止的好处，知道选择中庸之道作为立身处世原则的意义。但好胜心难以满足，欲壑难填，结果是越走越远，不知不觉间又放弃了适可而止的初衷，背离了中庸之道。就像孔子所惋惜的那样，连一个月都不能坚持住。

事实上，陷阱是完全可以避免的，中庸也是可以长期坚持的，这些人们都明白，关键还是看人们怎么做。

小故事：杨修之死

据史记载，杨修是曹操门下掌库的主簿。此人生得单眉细眼，貌白神清，博学能言，智识过人。但他自恃其才，竟小觑天下之士。

一次，曹操令人建一座花园。快竣工了，监造花园的官员请曹操来验收察看。曹操参观花园之后，是好是坏是褒是贬一句话也没有说，只是拿起笔来，在花园大门上写了一个“活”字，便扬长而去。

一见这情形，大家犹如丈二和尚，摸不着头脑，怎么也猜不透曹操的意思。杨修却笑着说道：“门内添‘活’字，是个‘阔’字，丞相是嫌园门太阔了。”官员见杨修说得有道理，立即返工重建园门，改造停当后，又请曹操来观看。

曹操一见重建后的园门，不禁大喜，问道：“谁知道了我的意思?”左右答道：“是杨修主簿”。曹操表面上称赞杨修的聪明，其实内心已开始忌讳杨修了。

又有一回，塞北送来一盒酥孝敬曹操，曹操没有吃，只是在礼盒上亲笔写了三个字：“一合酥”，放在案头上，自己径直出去了。屋里其他人有的没有理会这件事，有的不明白曹丞相的意思，不敢妄动。这时正好杨修进来看见了，便堂而皇之地走向案头，打开礼盒。把酥一人一口地分吃了。

曹操进来见大家正在吃他案头的酥饼，脸色慢变，问：“为何吃掉了酥?”杨修上前答道：“我们是按丞相的吩咐吃的。”“此话怎讲?”曹操反问道。杨修从容地应道："丞相在酥盒上写着'一人一口酥'，分明是赏给大家吃的，难道我们敢违背丞相的命令吗？"

曹操见又是这个杨修识破了他的心意，表面上乐哈哈地说："讲得好，吃得对，吃得对！"其实内心已对杨修产生厌恶之情了。可杨修还以为曹操真的欣赏他，所以不但没有丝毫收敛，反而把心智用在捉摸曹操的言行上，并不分场合地卖弄自己的小聪明，从而也不断地给自己埋下祸根。

杨修最后一次聪明的表露是在曹操自封为魏王之后，曹操亲自引兵与蜀军作战，战事失利，进退不能。

曹操数次进攻蜀军总不能奏效，长期拖下去，不仅耗费钱粮且会挫伤士气，真的撤兵无功而归，又会遭人笑话。是进是退，当时曹操心中犹豫不决。此时厨子呈进鸡汤，曹操看见碗中有鸡肋，因而有感于怀，觉得眼下的战事，有如碗中之鸡肋："食之无肉，弃之可惜"。他正沉吟间，夏侯惇入帐禀请夜间号令。曹操随口说："鸡肋！鸡肋！"夏侯惇传令众官，都称"鸡肋"。

杨修见传"鸡肋"二字便教随行军士各自收拾行装，准备归程。有人报知夏侯惇。夏侯惇大惊失色，立即请杨修到帐中问他："为什么叫人收拾行装？"

杨修说："从今夜的号令便知道魏王很快就要退兵回去了"。"你怎么知道？"夏侯惇又问。杨修笑道："鸡肋者，吃着没有肉，丢了又觉得它味道不错。魏王的意思是现在进不能胜，退又害怕人笑话，在此没有好处，不如早归，明天魏王一定会下令班师回转的。所以先收拾行装免得临行慌乱。"

夏侯惇说："您可算魏王肚里的蛔虫，知道魏王的心思啊！"他不但没有责怪杨修，反而也命令军士收拾行装。于是寨中各位将领，无不准备归计。

当夜曹操心乱，不能入睡，就手按宝剑，绕着军寨独自行走。只见夏侯惇寨内军士，各自准备行装。曹操大惊，我没有下达撤军命令，谁竟敢如此大胆，作撤军的准备?

他急忙回帐召夏侯惇入帐，夏侯惇说："主簿杨修已经知道大王想归回的意思。"曹操叫来杨修问他怎么知道，杨修就以鸡肋的含意对答。曹操一听大怒，说："你怎敢造谣乱我军心!"不由分说，叫来刀斧手将杨修推出去斩了，把首级悬在辕门外。曹操终于寻得机会，除掉了杨修，杨修也终于结束了他聪明的一生。

第八章

原文

子曰："回①之为人也，择乎中庸。得一善，则拳拳服膺②，而弗失之矣。"

注释

①回：颜回，字子渊，鲁国人，孔子最得意的门生，最有德行的弟子。

②拳拳服膺：拳拳亦作"惓惓"（quánquán），牢握不舍的意思。服膺（yīng），谨记在心。服，著，放置。膺，胸口。

译文

孔子说："颜回是这样处事为人的，他选定了中庸之道，如果领悟到中庸的一条善理，就牢牢地记在心中，而且以后一刻也不忘掉它了。"

阅读延伸

这是针对前一章所说的那些不能坚持中庸之道的人而言的。作为孔门的高足，颜回经常被老师推荐为大家学习的榜样，在中庸之道方面也不例外。

一旦认定，就坚定不移地坚持下去。这是颜回的作为，也是孔圣人"吾道一以贯之"（《论语·里仁》）的风范。

小故事：刻苦的颜回

颜回是孔子最得意的学生。他衣衫简陋，面黄肌瘦，额头却出奇的高，两只眼睛又深深地凹进去，炯炯有神，显得机智、聪慧。孔子渐渐发现，在众多弟子中，读书最用功的是颜回。

放学了，弟子们都回家吃饭，颜回总是最后一个走，饭后又第一个来到学堂，然后就捧着书诵读。时间长了，孔子就觉得奇怪了，颜回回家吃饭为什么这么快？有一天，孔子派人偷偷跟随颜回，打算看个究竟。

原来，颜回家住在贫民区。平时，颜回的父亲在城外种地，不回家吃饭；颜回的母亲在外给人帮工，也不回家吃饭。这样，妈妈每天上工前给儿子做一竹筒饭、一锅菜汤。颜回回到家也不管凉热，拿起竹筒做成的饭碗，和着菜汤就津津有味地吃起来，有时吃不饱，他就跑到井边，用水瓢舀几瓢水喝，然后拍拍胀起的肚皮，乐滋滋地拿上书包，往学堂跑去。

孔子派人观察了几天，天天如此。于是孔子说："颜回真贤德呀！吃得很差，住在陋巷，人人都愁闷，他却乐在其中。颜回真贤德呀！"

第九章

原文

子曰："天下国家可均也①，爵禄可辞也②，白刃可蹈也③，中庸不可能也④。"

注释

①天下国家可均也：天下，指古代西周时周天子统治下的各诸侯国。国家，国，指周天子分封的诸侯国。家：指诸侯国分封的卿大夫领地。均，平治。即治理公正。

②爵禄可辞也：爵（jué），爵位。据《礼记·王制》："王者之制禄爵，公、侯、伯、子、男，凡五等。"禄，古代官吏的薪俸。辞，辞掉，推辞，放弃。

③白刃可蹈也：白刃，利刃、快刀。蹈（dǎo），踩踏。

④中庸不可能也：这句话的意思是，中庸之道是儒家最高的道德标准，做到中庸并不容易。有的人尽管可以治理天下国家，辞掉爵禄，踩踏利刃，但是却不能实行中庸之道。

译文

孔子说："天下国家是可以治理公正的，官爵俸禄是可以推辞不受的，雪白的锋刃也是可以踩踏闯过的，但中庸之道是很难做到的。"

阅读延伸

孔子举了三个例子，治理国家、放弃俸禄、脚踩白刃，都是很难做到的事情，但有人还是做到了。

中庸，看起来比这三件事情要容易，但真正做起来却难得多。孔子把中庸的道理说得这么难，是想引起人们的高度重视，希望人们极力提倡中庸、认真实行中庸。

小故事：四川和尚

从前四川有两个和尚，一个很有钱，每天过着舒舒服服的日子；另一个很穷，每天除了念经时间之外，就得到外面去化缘，日子过得非常刻苦。

有一天，穷和尚对有钱的和尚说："我很想到印度去拜佛，求取佛经，你看如何?"

有钱的和尚说："路途那么遥远，你要怎么去?"

穷和尚说："我只有一个钵、一个水瓶、两条腿就够了。"

有钱的和尚听了哈哈大笑，说："我想去印度也想了好几年，一直没成行的原因是旅费不够。我的环境比你好，我都去不成了，你又怎么去得成?"

过了一年，穷和尚从印度回来，还带了一本他从印度的佛经送给有钱的和尚。有钱和尚看他果真达成愿望，惭愧得面红耳赤，一句话也说不出来。

俗话说："天下无难事，只怕有心人。"意思是说只要下定决心，有恒心、有毅力，那么天底下再难的事也会变得容易了。穷和尚虽然没有钱，坐不起车船，但是因为他有坚强的毅力，才能跋涉遥远的路途，达成愿望。

第十章

原文

子路[①]问强。子曰："南方之强与？北方之强与？抑而强与[②]？宽柔以教，不报无道[③]，南方之强也，君子居[④]之。衽金革[⑤]，死而不厌[⑥]，北方之强也，而强者居之。故君子和而不流[⑦]，强哉矫[⑧]！中立而不倚，强哉矫！国有道[⑨]，不变塞[⑩]焉，强哉矫！国无道[⑪]，至死不变[⑫]，强哉矫！"

注释

①子路：姓仲，名由，字子路，又字季路，春秋末年鲁国人。孔子早期的学生，性格果敢、直爽，为人勇武，故向孔夫子问强。

②抑而强与：抑，抑或，表示选择，意为"还是"。而强，指不属于南北之强，处于周朝腹心的中原之强。而，同"乐"、"汝"，你，指子路。与，同"欤"，疑问语气词，相当于"吗"或"呢"。

③不报无道：别人对我实行横暴无理的事我也不报复。无道，横暴无理。报，报复。

④居：居住，处于。属这一类。

⑤衽金革：枕着武器、盔甲睡觉。衽（rèn），卧席，此处用作动词，郑玄注："衽，寝卧之席也。"金，铁制的刀枪之类，革，皮革制成的盔甲之类。

⑥厌：悔恨，后悔。

⑦和而不流：性格平和又不随波逐流。

⑧矫：通“趫（qiáo）”，刚强、坚强。

⑨有道：政治清明，天下太平。

⑩不变塞：艰难时不变志向。塞，堵塞、阻碍、艰难。

⑪无道：指国家政治黑暗，社会不太平。

⑫至死不变：宁死不变操守，含有“杀身成仁”之意。

译文

子路问孔子：“怎样才算得是强呢？”孔子回答说：“你问的是南方的强呢，还是北方的强呢？或者还是你认为的强呢？用宽容温和的方法去教化别人，对于蛮横无理的人也不加以报复，这是南方人的‘强’，君子就属于这一类；经常枕着刀枪、穿着盔甲席地睡觉，上战场毫不惧怕，拼杀而死也不后悔，这是北方人的‘强’，性格强悍勇武有力的人属于这一类。所以，君子善于在人际间协调，又决不随波逐流，那才算得是‘刚强’！君子信守中庸，独立而不偏不倚，那才算得是‘刚强’！国家政治清明，遇艰难不变志向，那才算得是‘刚强’！国家混乱，社会动荡，君子到死不改变品德和信念，那才算得是‘刚强’！”

阅读延伸

因为子路性情鲁莽，勇武好斗，所以孔子教导他并为子路分析了什么是强：有体力的强，有精神力量的强，但真正的强不是体力的强，而是精神力量的强。

精神力量的强体现为和而不流，柔中有刚；体现为中庸之道；体现为坚持自己的信念不动摇，宁死不改变志向和操守。

“三军可夺帅也，匹夫不可夺志也。”（《论语·子罕》这就是孔子所推崇的强。

“砍头不要紧，只要主义真。杀了夏明翰，自有后来人。”这就是孔子所推崇的强。

说起来，这是崇高的英雄主义，献身的理想主义。不过，回到《中庸》本章来，孔子在这里所强调的，还是“中立而不倚”的中庸之道，儒学中最为高深的道行。

小故事：强大的内心

小和尚问老和尚：“师父，一个人最害怕什么？”

“你以为呢？”老和尚含笑看着徒弟。

“是孤独吗？”

老和尚摇了摇头：“不对。”

“那是误解？”

“也不对。”

“绝望？”

“不对。”

小和尚一口气答了十几个答案，老和尚都一直摇头。

“那师父您说是什么呢？”小和尚没辙了。

“就是你自己呀！”

“我自己？”小和尚抬起头，睁大了眼睛，好像明白了，又好像没明白，直直地盯着师父，渴求点化。

“是呀！”老和尚笑了笑，“其实你刚刚说的孤独、误解、绝望等等，都是你自己内心世界的影子，都是你自己给自己的感觉罢了。”

小和尚似乎有些不明白。

老和尚接着说：“你对自己说：‘这些真可怕，我承受不住了。’那你就真的会害怕。同样，假如你告诉自己：‘没什么好怕的，只要我积极面对，就能战胜一切。’那么就没什么能难得倒你。何必苦苦执着于那些虚幻？一个人若连自己都不怕，他还会怕什么呢？所以，使你害怕的其实并不是那些想法，而是你自己啊！”

小和尚恍然大悟。

诗人汪国真说：心晴的时候，雨也是晴；心雨的时候，晴也是雨。

人的一生，是一趟没有回程的旅行，沿途中有数不尽的坎坷泥泞，但也有看不完的春花秋月。

或许我们无法改变人生，但我们至少可以改变人生观；或许我们可能无法改变风向，但我们至少可以调整风帆；或许我们可能无法左右事情，但我们至少可以调整自己的心态。内心强大才是真的强大。

第十一章

原文

子曰："素隐行怪①，后世有述②焉，吾弗为之矣。君子遵道而行，半途而废，吾弗能已③矣。君子依乎中庸，遁世不见知④而不悔，唯圣者能之。"

注释

①素隐行怪：素，据《汉书》应为"索"字，意为寻求。隐，隐僻之理。怪，怪异。

②述：传述，意为称赞。

③已：止，停止。

④遁世：避世，指隐居。见知，被了解，此指被赏识、重用。

译文

孔子说："世上有些人总喜爱去索求那隐僻的道理，乐意去做奇异怪诞的事情，虽然后代有人称道他们，但是我是坚决不去做这样的事情的。有些君子遵循中庸之道行事，往往半途而废，但我是决不会中途停止的。有的君子依从中庸之道行事，虽然避世隐居不被人重用，他也不悔恨，这只有圣人才能做到。"

阅读延伸

钻牛角尖，行为怪诞，这些出风头、走极端欺世盗名的搞法根本不合中庸之道的规范，自然是圣人所不齿的。找到正确的道路，走到一半又停止了下来，这也是圣人所不欣赏的。

唯有正道直行，一条大路走到底，这才是圣人所赞赏并身体力行的。所以，“路漫漫其修远兮，吾将上下而求索。”（屈原）这是圣人所赞赏的精神。“鞠躬尽瘁，死而后已。”（诸葛亮）这也是圣人所赞赏的精神。

以上几章从各个方面引述孔子的言论，反复申说第一章所提出的“中和”（中庸）这一概念，弘扬中庸之道，是全篇的第一大部分。

小故事：钻牛角尖

有一个读书人，本来没有大学问，可不论见到什么事都喜欢与人争论。

一天，这个读书人到艾子那儿去，好像是请教艾子实则是刁难人。他问艾子说：“凡是大车的车身下面和骆驼的脖子上，都系着铃铛，这是为什么呢?”

艾子回答说：“大车和骆驼都是很大的，而车和骆驼又经常在夜间赶路，如果它们一旦狭路相逢，就难以回避。因此，给它们挂上铃铛正是为了在离得还较远时就互相给对方送个信，以便提前回避。”

不等艾子说完，那人又问：“佛塔的顶端也挂着铃铛，佛塔永远都固定在一定的地方，难道佛塔也需要挂上铃铛以便夜间行走避免相撞吗？佛塔为什么也要挂上铃铛呢?”

艾子有点儿不高兴地说：“你这个人真是死板。你没看到那些雀鸟总喜欢在高处筑巢吗？它们筑巢的地方总会撒下污秽不堪的粪便，在塔上挂着铃铛，雀鸟飞来时，铃铛便摇晃作响，这样，雀鸟就不敢来筑巢了。这和大车、骆驼挂铃铛完全是不相干的事。”

这个读书人好像很不知趣，他又问：“猎鹰、鹞子的尾巴上也都带着小铃，这也是为了防止雀鸟在它们的尾巴上筑巢吗?”

艾子一听，“扑哧”一声忍不住笑了，说：“看你也是个读书人，是故意装傻呢还是真不开窍呢？猎鹰、鹞子捕捉鸟兽常常进入树林或灌木丛中，束脚的绳子有时被树枝挂住，挣脱不开，于是它们在振动翅膀时铃声就会响起来，猎人听到铃声，就可以知道它们在哪里从而找到它们。猎鹰、鹞子脚上系铃铛当然跟雀鸟筑巢没什么关系啦。"

读书人还不罢休，继续纠缠着问艾子："我见过那送葬的队伍，前面有个人总是摇着铃铛唱挽歌。我原先还不明白是为什么，现在才知道了，原来是怕树枝缠住他的脚，以便让人们循着铃声好找到他呀。只是我还想问您，那个人脚上的带子是用皮条做的呢，还是用丝线编成的呢？"

艾子实在不耐烦了，生气地回答读书人说："那个摇铃铛的人是死者的向导，因为这死者生前好狡辩、刁难人，实在难缠，所以才摇着铃铛让他的死尸感到快乐呀！"

读书人至此终于无话可说了。

生活中有些人只知道片面地抓住某些事物的表面相似之处，把偶然的巧合当作必然的联系，因而犯了偷换概念、混淆是非的逻辑错误。

第十二章

原文

君子之道，费而隐①。

夫妇②之愚，可以与知③焉，及其至④也，虽圣人亦有所不知焉。夫妇之不肖，可以能行焉，及其至也，虽圣人亦有所不能焉。天地之大也，人犹有所憾⑤。故君子语大，天下莫能载焉；语小，天下莫能破⑥焉。

《诗》云⑦：“鸢飞戾天⑧，鱼跃于渊⑨。”言其上下察⑩也。

君子之道，造端⑪乎夫妇，及其至也，察乎天地。

注释

①费而隐：费，道之作用，指广大无涯。隐，道之本体，指非常精微奥妙。

②夫妇：不是指夫妻，而是指普通男女的匹夫匹妇问题。

③与知：与（yù），动词，参预。

④至：最，指最精微之处。

⑤憾：不满意。

⑥破：分析、剖析。

⑦《诗》云：这两句诗出自《诗经·大雅·早麓》。这是一首赞扬有道德修养的人，求福得福，能培养人才的诗。

⑧鸢（yuān）：鸟名，老鹰类。戾（lì）：到达。

⑨渊：深潭。

⑩察：显明、昭著。

⑪造端：造立端绪。意为开始、起头。

译文

君子所操守的中庸之道，作用广大无涯而本体精微奥妙。

普通男女虽然愚昧，但是对于浅近的道理他们也是可以知道的，但若要探讨这些道理的最精微之处，那即使是圣人也会有不知道的奥秘。普通男女虽然不贤，但是对于浅近的道理他们是可以实行的，但若要达到这些道理的最高标准，那即使是圣人也会有不能达到的境界。天地是如此辽阔广大，但人们对天地还有不满意的地方。因此，君子对于中庸的道理，谈到它的大处，天下没有什么能载得起它，谈到它的小处，天下没有什么能剖析得了它。

《诗经》里说："老鹰高飞上青天，鱼儿跳跃入深渊。"这两句诗比喻中庸之道，上能达于天空，下能及于深渊。

君子所操守的中庸，是从普通男女知道的浅近道理开始的，推究深奥处，达到最高境界，便显明昭著天地之间，无处不在，无所不包。

阅读延伸

这一章另起炉灶，回到第一章"道也者，不可须臾离也，可离非道也"进行阐发，以下八章（13 — 20）都是围绕这一中心而展开的。

正因为道不可须臾离开，所以，道就应该有普遍的可适应性，应该"放之四海而皆准"，连匹夫匹妇，普通男女都可以知道，可以学习，也可以实践。不过，知道是一回事，一般性地实践是一回事，要进入其高深境界又是另一回事了。所以，道又必须有精微奥妙的一方面，供德行高，修养深的学者进行深造，进行创造性的实践。

如此两方面的性质结合起来，使道既广大又精微，既有普及性又有提高性，既下里巴人又阳春白雪，说到底，是一个开放的、兼容的、可发展的体系。

道是如此，世界上的许多事情也都是如此。就像唱歌，卡拉 0K 谁都可以来上几句，但要唱出歌星级水平可就是另一回事了。就像下棋，知道下棋规则，棋瘾大得不可思议的人满街都是，可要成为一名真正的棋手就是另外一回事了。诸如此类，不胜枚举。凡事都有一知半解与精通的区别，匹夫匹妇与“圣人”的分别也就在这里。

第十三章

原文

子曰："道不远人，人之为道而远人①，不可以为道。

"《诗》云②：'伐柯③伐柯，其则不远④。'执柯以伐柯，睨而视之⑤，犹以为远。故君子以人治人，改而止⑥。

"忠恕违道不远⑦，施诸已而不愿⑧，亦勿施于人。

"君子之道四⑨，丘⑩未能一焉。所求⑪乎子，以事父，未能也；所求乎臣，以事君，未能也；所求乎弟，以事兄，未能也；所求乎朋友，先施之，未能也。庸德⑫之行，庸言⑫之谨，有所不足，不敢不勉，有余不敢尽。言顾行，行顾言，君子胡不慥慥叶造尔⑬！"

注释

①人之为道而远人：这句话大意是说有的人在修行中庸之道时爱好高骛远，这样使本来离人们不远的道，反而搞得远离人们了。

②《诗》云：这两句诗出自《诗经·豳风·伐柯》。是一首关于婚姻的诗。

③伐柯：砍伐作斧柄的木材。伐，砍。柯，斧柄。

④其则不远：意思是说手拿的斧柄就是要砍制的式样，有式样在眼前，故说其则不远。则，法则、准则、式样。

⑤睨而视之：意为斜着眼睛瞧一瞧便可以看到斧柄的样子。睨（nì）：斜视。

⑥以人治人：用人道的原则去治理众人。改而止：直到他们改正前

非为止。

⑦忠恕违道不远：忠恕，儒家之伦理思想。尽己之心为“忠”；推己及人为“恕”。在孔子的思想中，“忠恕”是实行“仁”的方法。《论语·里仁》篇：“曾子曰：‘夫子之道，忠恕而已矣。’”违，相距。道，指中庸之道。

⑧施诸己而不愿：诸，是“之于”的合音。其中“之”指自己不愿的行为。

⑨君子之道四：孝、忠、弟、信。

⑩丘：孔子自称其名。

⑪求：责求，要求。

⑫庸德：中庸的道德。行：实行。庸言：中庸的言语。

⑬君子胡不慥慥尔：胡，何。慥慥（zàozào），忠厚老实的样子。

译文

孔子说：“中庸之道并不远离人们，如果有人修道却故作高深玄妙，使道远离人们，那就不可以说是在修道了。

“《诗经》里说：“伐木作斧柄啊，伐木作斧柄，斧柄的式样就在我眼前。”拿着斧柄作样子去砍伐木材制斧柄，斜着眼睛瞧一瞧就看得见，但对砍木材制斧柄的人来说，由于没用规矩量尺寸，觉得新旧斧柄相差很远。所以君子以其人之道还治其人之身，直到人们改正前非而中止。

“能够做到忠和恕，那就离中庸之道不远了。不愿意别人加给自己的行为，也一定不要加给别人。

“君子的道德有四项重要内容，我孔丘连其中的一项也不能做到。第一，我要求做儿女的必须孝顺父母，但我自己却不能做到这一点。第二，我要求做臣子的必须忠于国君，但我自己却不能对国君尽忠心。第三，我要求当弟弟的必须尊敬兄长，但我自己却不能做到这一点。第四，我要做朋友的必须要讲信用，但我自己往往未能首先这样做。中庸道德的实行，中庸格言的谨记，做得不够圆满，不敢不努力奋勉。有做得好的地方，也不敢把话全部说尽。言语要看到行动，行动时也要想到言语。如果能这样做，那么，君子怎么能不是忠厚老实的呢？"

阅读延伸

道不可须臾离的基本条件是道不远人。换言之，一条大道，欢迎所有的人行走，就像马克思主义的理论欢迎所有的人学习、实践，社会主义的金光大道欢迎所有的人走一样。

相反，如果只允许自己走，而把别人推得离道远远的，就像鲁迅笔下的假洋鬼子只准自己"革命"而不准别人（阿Q）"革命"，那自己也就不是真正的革命者了。

推行道的另一条基本原则是从实际出发，从不同人不同的具体情况出发，使道既具有"放之四海而皆准"的普遍性，又能够适应不同个体的特殊性。这就是普遍性与特殊性相结合。

既然如此，就不要对人求全责备，而应该设身处地，将心比心地为他人着想，自己不愿意的事，也不要施加给他人，也就是经常说的"己所不欲，勿施于人"。

因为，金无足赤，人无完人，不要说人家，就是自己，不也还有很多应该做到的而没有能够做到吗？所以，要开展批评，也要开展自我批评。

圣贤如孔子，不就从四大方面对自己进行了严厉的批评吗？那就更不要说我们这些凡夫俗子了，哪里没有这样或那样的毛病呢？

所以孔子认为君子做事应该符合人道，而人道的原则之一就是"忠恕"。这两个字说起来容易，做起来难。

同时孔子还认为每个人在日常生活中都应该严肃认真、小心谨慎，做一个忠厚诚实的人，要做到"言顾行，行顾言"，凡事不走偏锋，不走极端，这就是“中庸”的原则，这就是中庸之道。

小故事：将心比心

一日，去医院，看到一位病人在医院输液。年轻的小护士为她扎了两次针也没能把针扎进血管里，眼见着针眼处泛起了青包。

疼痛之时她正想抱怨几句，却抬头看到了小护士额头上布满了密密的汗珠，那一刻她突然微笑着安慰她说：“不要紧，再来一次！”第三针果然成功了。

小护士终于叹了口气，她连声说：“阿姨，对不起，我真该感谢您让我扎了三次。我是来实习的，这是我第一次给病人扎针，太紧张了，要不是您的鼓励，我真不敢给您扎针了。”

病人告诉她：“我也有个和她差不多大的女儿，正在医科大学读书，她也将有她的第一位患者，真希望女儿的第一次扎针也能得到患者的宽容和鼓励。”

是啊，如果我们在生活中能将心比心，就会对老人生出一份尊重，对孩子增加一份关爱，就会使人与人之间多一些宽容与理解。

第十四章

原文

君子素其位①而行，不愿乎其外②。素富贵，行乎富贵；素贫贱，行乎贫贱；素夷狄③，行乎夷狄；素患难，行乎患难；君子无入④而不自得焉。

在上位，不陵⑤下。在下位，不援⑥上。正己⑦而不求于人，则无怨，上不怨天，下不尤⑧人。故君子居易⑨以俟命，小人行险⑩以徼幸。

子曰：“射有似乎君子⑪，失诸正鹄⑫，反求诸其身。”

注释

①素其位：安于平素所处的地位。素，平素、平时。位，位置、地位。

②愿：倾慕，羡慕。其外：指本位之外的东西。

③夷狄：夷，指古代东方的部族。狄，指古代西方的部族。

④入：处于。

⑤陵：同“凌”，欺压。

⑥援：攀援，巴结。

⑦正己：端正自己的品行。

⑧尤：怨恨。

⑨居易：处在平易而安全的境地。易，平地。俟（sì）命：等待天命。

⑩行险：冒险。徼（jiǎo）幸：企图以偶然的机会获得成功或意外

地免除不幸。徼，“侥”的异体字。

⑪射有似乎君子：射，射箭。这句是用射箭的道理来比喻君子“正己而不求于人”的道理。

⑫失诸正鹄：指未射中靶子。正鹄（zhēnggǔ），箭靶中心的圆圈。画在布上的叫“正”；画在皮上的叫“鹄”。郑玄注：“画布曰正，栖皮曰鹄。”陆德明释文：“正，鹄，皆鸟名也。一曰：正，正也；鹄，直也。大射则张皮侯而栖鹄，宾射张布侯而设正也。”

译文

君子安心于平常的地位，去做应做的本分事情，从来不羡慕本职以外的名利。身处在富贵的地位上，就做在富贵地位上所应做的事；身处在贫贱的地位上，就做在贫贱地位上所应做的事；身处在夷狄的地位上，就做在夷狄地位上所应做的事；身处在患难中，就做处在患难中所应做的事情。这样，君子无论处在什么地位，都不会感到不安。

君子高居上位，不欺凌处于下位的人。君子处在下位，也不去高攀在上位的人。只是端正自己却不去苛求别人，这样便无怨心，上不抱怨天，下不抱怨人。因此，君子安分守己、等待天命赐德，小人企图冒险、心想侥幸得利。

孔子说：“射箭的道理好比君子行道（正己而不求于人）。如果箭头射在靶心圆圈以外，应该回过头来责求自己。”

阅读延伸

素位而行和《大学》里面所说的“知其所止”相似，换句话说，叫做安守本分，也就是人们常说的——安分守己。这种安分守己是对现状的积极适应、处置，是什么角色，就做好什么事，如台湾著名漫画家蔡志忠先生所说：“自己是什么就做什么；是西瓜就做西瓜，是冬瓜就做冬瓜，是苹果就做苹果；冬瓜不必羡慕西瓜，西瓜也不必嫉妒苹果……”然后才能游刃有余，进一步积累、创造自己的价值，取得水到渠成的成功。

事实上，任何成功的追求、进取都是在对现状恰如其分的适应和处置后取得的。一个不能适应现状，在现实面前手足无措的人是很难取得成功的。

有个例子，一位教授，因偶尔发现卖大饼的人很赚钱，一个月一两千，比自己给大学生上课还赚得多了许多，于是便放下课不上而去卖大饼。

这样做值得吗？不值得，这就叫做不守本分，不“知其所止”，这个例子也许举得有点儿极端。但在我们的现实生活中，诸如此类的例子其实还可以举出许多，这就是人们常说的“这山望到那山高”，实质上是没有认识清楚自己，迷失了方向。

与“这山望到那山高”密切相关的另一种迷失是不满足自己的职位，总是奢望向上爬，奢望高升，总是怨天尤人，而不像圣人所说的那样“反求诸其身”。用耕云先生在其禅学讲话中的说法：这种人没有认识到“一部机器，大的轮轴固然重要，但如果少了一个小螺丝钉，就会出故障，就会由松散而解体。所以每个部门，每个环节，每个人的工作都很重要，也唯有人人都能构成需要，才能形成整体的健全。”

其实，耕云先生在这里所说的道理，也正是毛泽东号召我们“向雷锋同志学习”，“做一颗革命的螺丝钉”的精神。只可惜很多人没有真正认识到这种精神的深刻内涵，不能“素其位而行”，安分守己，提高自己的修养，“居易以俟命”，而是心存妄想，只知道羡慕，甚至嫉妒别人，不惜采取一切手段向上爬，“行险以侥幸”，结果是深深地陷入无休无止的勾心斗角和无尽的烦恼之中，迷失了本性。

凡有奢望，必生烦恼。所以，不要去妄想什么，只问自己该做什么吧——这就是素位而行，安分守己。也告诉我们：一个人要找准自己的位置，明白自己的现状，身份和地位，干自己的分内之事。恰如其分地适应现状，处置分内的事务。无论是在生活上，工作上，还是在情感上都应如此。干好自己分内的事。

本分是中庸的一种境界。

君子为人处世，无论处于怎样的境况，都怡然自得，不想分外的事情，这其实是一种随遇而安。每个人在世界上都会有一个位子，在你的位子上努力活得最好，就足够了。但是，这么简单的事情，也已经很少有人能做到了。

《中庸》强调君子要素位而行，安于所守，这一观点同《大学》中“知其所止”的观点相一致。《中庸》其实告诉我们，任何成功的取得都基于对现状恰如其分地适应和处置。一个不能适应现状，在现实面前手足无措的人是很难成功的。

第十五章

原文

君子之道[①]，辟[②]如行远，必自迩[③]；辟如登高，必自卑[④]。

《诗》曰[⑤]：“妻子好合[⑥]，如鼓[⑥]瑟琴[⑥]。兄弟既翕[⑦]，和乐且耽[⑧]。宜尔室家，乐尔妻帑[⑨]。”子曰：“父母其顺矣乎！”

注释

①君子之道：指求索君子之道的方法。

②辟：同“譬”。

③迩：近处。

④卑：低处。

⑤《诗》曰：这几句诗出自《诗经·小雅·棠棣》篇。这是一首称述家庭和睦、兄弟友爱的诗。

⑥合：和睦。鼓：弹奏。瑟琴：比喻夫妇感情和谐。瑟（sè）：弹拨乐器。有二十五弦，每弦有一柱，形似琴，是否为“但无徽位”，春秋时便已流行。琴，有七弦，又称“七弦琴”或“古琴”，周代已有，定型于汉代。

⑦翕（xī）：聚合。

⑧耽（dān）：欢喜。《诗经》里作“湛”，深厚。

⑨妻帑：妻子和儿女的统称。帑（nú），子孙。

译文

求取君子之道的方法，譬如走远路，一定要从近处出发，譬如登高山，一定要从低处起程。

《诗经》里说："你和妻子很和谐，就像琴瑟弹奏妙。兄弟相处极和睦，团聚相敬实在好。组织一个安乐家，你与妻儿感情深。"孔子赞叹道："像这样，做父母的就自然顺心如意了啊！"

阅读延伸

老子说："千里之行，始于足下。"荀子说："不积跬步，无以至千里；不积小流，无以成江海。"都是"行远必自迩，登高必自卑"的意思。

这也告诉我们万事总宜循序渐进，不可操之过急。否则，"欲速则不达"，效果适得其反。

合抱之木，生于毫末；九层之台，起于累土；千里之行，始于足下。一千里的路程是从迈开第一步开始的，其意义在于只有把握现在才能创造未来。我们只有从小事抓起，从身边的事情抓起，从我做起，从现在做起，不要提过高的口号，不要说不着边际的话，要有坚定的信念，坚持不懈的努力，并且不畏困难和挫折，才能到达胜利的彼岸。

一切从自己做起，从自己身边切近的地方做起。要在天下实行中庸之道，首先得和顺自己的家庭。说到底，还是《大学》修、齐、治、平循序渐进的道理。

小故事：用智慧去比赛

1984 年，在东京国际马拉松邀请赛中，名不见经传的日本选手山田本一出人意料地夺得了世界冠军。当记者问他凭什么取得如此惊人的成绩时，他说了这么一句话：凭智慧战胜对手。

大家对他所谓的"智慧"都有些迷惑不解。10 年后，他在自己的自传中道出了这个"智慧"的真相：每次比赛之前，我都要乘车把比赛的线路仔细地看一遍，并把沿途比较醒目的标志画下来。比如——第一个标志是银行；第二个标志是一棵大树；第三个标志是一座红房子……这样一直画到赛程的终点。

比赛开始后，我就以百米赛跑的速度奋力地向第一个目标冲去，等到达第一个目标后，我又以同样的速度向第二个目标冲去。40 多千米的赛程，就被我分解成这么几个小目标轻松地跑完了。

起初，我并不懂这样的道理，我把我的目标定在 40 多千米外终点线的那面旗帜上，结果我跑到十几千米时就疲惫不堪了，因为我被前面那段遥远的路程给吓倒了。第一个标志……第二个标志……第三个标志……正是这种化整为零、循序渐进的态度帮助山田本一获得了世界冠军。

第十六章

原文

子曰：“鬼神①之为德，其盛矣乎！视之而弗见；听之而弗闻；体物而不可遗②。使天下之人，齐明盛服③，以承祭祀④，洋洋⑤乎！如在其上，如在其左右。

《诗》曰⑥：‘神之格思⑦，不可度思，矧可射⑧思。’夫微之显，诚之不可揜⑨，如此夫!”

注释

①鬼神：鬼，一般指已死的祖先。古代迷信者认为人死后精灵不灭，称之为鬼。神，古代神话及宗教中所幻想的能主宰物质世界，超乎自然，具有人格和意识的精灵。

②体物而不可遗：这句大意是认为万物无不以鬼神之气而生，没有遗漏。体物，生养万物。遗，遗忘，遗漏。

③齐明盛服：在祭祀之前必须沐浴斋戒，以示虔敬。齐（zhāi），同“斋”，斋戒。明，洁净。

④以承祭祀：承，承当，侍奉。祭祀，指祭鬼祀神。祀（sì），祭祀。《左传·文公二年》：“祀，国之大事也。”

⑤洋洋：流动飘浮的样子。

⑥《诗》曰：这几句诗出自《诗经·大雅·抑》篇。这首诗主要是规劝周朝统治者要修德守礼，指责某些执政者的昏庸无能。

⑦格思：格，至，来临。《尚书·舜典》：“帝曰：‘格，汝舜”’。

思，语气助词，无意义。

⑧度：推测。矧（shěn）：况且。射（yì）：厌弃，懈怠不敬。

⑨微之显：微，隐微。这里指鬼神的事情隐匿虚无。显，显明。这里指鬼神可将祸福显现于人间，所以又是明显的。揜（yǎn）：掩盖的意思。

译文

孔子说："鬼神所实行的功德，真是盛大得很啊！看它看不见形状，听也听不到声响，然而，万物无不以鬼神之气而生长养育，所以不能将其遗忘。让天下的人，在祭祀的时节，斋戒净心沐浴，穿戴华丽的祭服，虔诚敬奉祭祀。在举行祭祀典礼时，浩浩荡荡啊，鬼神就仿佛舒缓地飘浮在人们的上空，又仿佛流动充满在人们的身旁。

《诗经》里说：'鬼神降临，行迹难测，怎么可以对其懈怠不敬呢？'鬼神的行迹本来就是隐匿虚无的，但其功德又是那样的明显，从隐微到显明，至诚的德行就是这样不可掩盖啊！"

阅读延伸

这一章借孔子对鬼神的论述说明道无所不在，道"不可须臾离。"另一方面，也是照应第12章说明"君子之道费而隐"，广大而又精微。看它也看不见，听它也听不到是"隐"，是精微；但它却体现在万物之中使人无法离开它，是"费"，是广大。

作一个形象的比喻，道也好，鬼神也好，就像空气一样，看不见，听不到，但却无处不在，无时不在，任何人也离不开它。既然如此，当然应该是人人皈依，就像对鬼神一样的虔诚礼拜了。

我们再来看看其他名人是如何理解"道"的。

老子《道德经》是这样描述的：

第十四章：视之不见名曰夷，听之不闻名曰希，搏之不得名曰微。

此三者，不可致诘，故混而为一。其上不缴，其下不昧，绳绳不可名，复归于无。是为无状之状，无物之象，是谓惚恍。迎之不见其首，随之不见其后。执古之道，以御今之有，能知古始，是谓道纪。

庄子是这样描述的：

东郭子问庄子曰："所谓道，恶乎在?"

庄子曰："无所不在。"

东郭子曰："期而后可?"

庄子曰："在蝼蚁。"

曰："何其下邪?"

曰："在稊稗。"

曰："何其下邪?"

曰："在瓦壁。"

曰："何其愈下耶?"

曰："在屎溺。"

东郭子不应。

释迦牟尼佛在《金刚经》中是这样描述的：

须菩提，若有人言，如来若来若去，若坐若卧，是人不解我所说义，何以故? 如来者，无所从来，亦无所去，故名如来。

可以说，道无所不在，这一主题，散见在各种不同的经典文章里。在普通人的眼睛里，道到底是什么样子的? 孔子、老子、庄子、释迦牟尼各有各的说法，虽然他们的语言不同、表叙方式不同，但所指的内容却高度一致，有着惊人的相似

第十七章

原文

子曰："舜其大孝也与！德为圣人，尊为天子，富有四海之内①，宗庙飨之②，子孙保③之。故大德，必得其位，必得其禄，必得其名，必得其寿。故天之生物④，必因其材而笃⑤焉，故栽者培⑥之，倾者覆之。

"《诗》曰⑦：'嘉乐君子⑧，宪宪令德⑨。宜民宜人⑩，受禄于天。保佑命之，自天申之。'故大德者必受命。"

注释

①富有四海之内：四海之内都是他的财富。四海，泛指全国。《论语·颜渊》："四海之内，皆兄弟也。"

②宗庙飨之：指在宗庙里受祭献。宗庙，古代天子、诸侯祭祀其先王、先祖的地方。郑玄注："庙之言貌也，死者精神不可得而见，但以生时之居，立宫室象貌为之耳。"又见《古今注》："宗谓祖宗，庙号以祖有功而宗有德，故统称之曰宗庙。周制天子七庙，诸侯五，大夫三，士一。"《礼记·王制》里说："自大夫以下皆称家庙，无庙号之可称也。"飨（xiǎng），祭献。

③保：保持。

④物：指万物。

⑤材：本质、本性。笃（dǔ）：厚重。

⑥培：栽培。覆：倾覆，摧败。

⑦《诗》曰：这是《诗经·大雅·假乐》里的第一章。《假乐》是一首为周成王歌功颂德的诗。

⑧嘉：原诗为“假”字。《左传·文公三年》中亦引为“嘉”字，“假”与“嘉”同音假借，意与“嘉”同。嘉乐：喜欢，快乐。君子：原指周成王。

⑨宪宪：原《诗经》里为“显显”，意同，即显明兴盛的样子。令：善，美。《周书·萧瓛传》：“幼有令誉。”

⑩宜民宜人：民，泛指平民。人，指士大夫以上的人。即在位的人。这句意思是说周成王既能与在下之民相处得好，又能与在位之人相处得好。

译文

孔子说：“舜帝可算得是个最孝顺的人吧！他有圣人的崇高品德，又有天子的尊贵地位，拥有普天下的财富，他享受宗庙中的祭祀，子子孙孙永远保持不断。所以，像舜这样有大仁大德的人，必然会得到至尊的地位，必然会得到丰厚的俸禄，必然会得到美好的名望，必须会拥有健康和长寿。所以，大自然生育万物，必定按照生物的本质属性来判断是否给予精心照料，能够栽培的就培养，倾斜枯萎的也就只能让它倾倒。

“《诗经》里说：“‘高雅欢乐的周成王，他美德显明放光芒。善处平民百官中，获得天赐厚禄长。上天保佑周成王，教他福禄能久享。’所以说，有崇高道德品质的人，必然会承受上天的命令而成为天下的君王。”

阅读延伸

天生我材必有用。只要你修身而提高德行，“居易以俟命”，总有一天会受命于天，担当起治国平天下的重任。到那时，名誉、地位、财富都已不在话下，应有的都会有。

就像苏联故事片《列宁在十月》里的主人公瓦西里说的："面包会有的，一切都会有的。"

由此看来，儒学并不是绝对排斥功利，而只是反对那种急功近利，不安分守己的做法。

换言之，儒学所强调的，是从内功练起，修养自身，提高自身的德行和才能，然后顺其自然，水到渠成地获得自己应该获得的一切。这其实也正是中庸之道的精神——凡事不走偏锋，不走极端，而是循序渐进，一步一个脚印走下去。

所谓循序渐进，就是要求人们，无论做任何事情，都必须不折不扣地按照一定的次序，遵循一定的规律，有计划地、逐步地向前迈进，千万不可操之过急。否则，必将事倍功半，事与愿违。

这就是"中庸"的原则，这就是中庸之道。

第十八章

原文

子曰："无忧者，其惟文王①乎！以王季②为父，以武王③为子，父作之④，子述之⑤，武王缵大王、⑥王季、文王之绪⑦，壹戎衣⑧而有天下，身不失天下之显名，尊为天子，富有四海之内，宗庙飨之，子孙保之。"

注释

①文王：指周文王，西周开国君主古公亶父的孙子，商末周族的领袖，姓姬名昌，在位五十年，统治期间，国力强盛，死后谥号"文"。

②王季：古公亶父的儿子，文王之父，名季烈，号称西伯，为殷纣时西方诸侯之长。周太王古公亶父卒，季烈嗣立，修太王的遗业，笃于行义，传位于文王。文王之子周武王即位后，追尊季烈为王季。

③武王：西周王朝的建立者。姓姬，名发，他继承父亲文王的遗志，灭掉殷商，建立周朝，建都于镐（今陕西省西安市南沣水东岸）。

④父作之：指父亲王季为文王开创了基业。作，开创。

⑤子述之：指儿子武王继承文王的遗志，完成统一大业。述，继承。

⑥缵（zuǎn）：继续，继承。大王：即王季之父古公亶父。这里"大"字古读"太"。

⑦绪：事业。这时指前人未竟的功业。《诗经·鲁颂·閟宫》："缵禹之绪。"缵，继承，继续。

⑧壹戎衣：即歼灭大殷。因为“壹”同“殪（yì）”，歼灭。戎，大。衣，“殷”之误读。郑玄注：“衣读如殷，声之误也，齐人言殷声如衣。”据《尚书·康诰》：“天乃大命文王殪戎殷。”另一说，一披挂战袍就伐纣取胜夺得了天下。

译文

孔子说：“古代帝王中无忧无虑的，大概只有周文王吧！因为他有贤明的王季做父亲，有英勇的武王做儿子，父亲王季为他开创了基业，儿子周武王继承了他的遗志，完成了他所没有完成的事业。武王继续着太王、王季、文王未完成的功业，灭掉了殷，取得了天下。周武王这种以下伐上的正义行动，不仅没有使他自身失掉显赫天下的美名，反而被天下人尊为天子，掌握普天下的财富，世代在宗庙中享受祭祀，子孙永保祭祀不断。”

原文

“武王末①受命，周公②成文武之德，追王③大王、王季，上祀先公以天子之礼。斯礼也，达乎诸侯大夫④，及士庶人⑤。父为大夫，子为士，葬以大夫，祭以士；父为士，子为大夫，葬以士，祭以大夫。期之丧⑥，达乎大夫；三年之丧，达乎天子；父母之丧，无贵贱一也。”

注释

①末：老，指周武王的晚年。

②周公：西周初年政治家。姓姬名旦，武王同母弟，武王死后，其子成王诵继位，因年幼，由周公代行国政。故又称“叔旦”，因采邑在周地（今陕西岐山北），又称“周公”。周公曾帮助武王灭纣，武王卒时，成王尚幼，于是他摄理朝政。他的兄弟管叔、蔡叔、霍叔等人不服，便与武庚及东方夷族联合反叛，周公出师东征，平定了反叛。东征

之后，周公大规模地分封诸侯，并营建洛邑（在今河南洛阳）作为东都，还制礼作乐，建立典章制度。《尚书》中的《大诰》、《康诰》、《多士》、《无逸》、《立政》等篇章中都记载有他的言论。

③追王（wàng）：后代加封先祖以“王”的称号叫追王。王，动词用法，即尊……为王。

④达：到，至。诸侯：指西周、春秋时天子分封的各国国君。按规定诸侯必须服从天子的命令，并定期向天子朝贡述职，而且有出军赋和服役的义务。按礼规定，其所属上卿应由天子任命，但在其封疆内，世代掌握着统治大权。《国语·周语上》：“诸侯春秋受职于王，以临其民。”大夫：古代国君之下有卿、大夫、士三级。

⑤及：推及。士：在古代商、西周、春秋时期，士是级别最低的贵族阶层。春秋时，“士”多为卿、大夫的家臣，有的有食田，有的以俸禄为生。《国语·晋语四》：“大夫食邑，士食田。”庶人：西周以后对农业生产者的称呼，其地位次于“士”而高于“工商皂隶”。周王常以庶人作为赏赐臣下的礼物。

⑥期（jī）之丧：一周年的守丧期。期，指一整年。丧，丧礼，指处理死者殓殡奠馔和拜跪哭泣的礼节，古为“凶礼”之一。

译文

“周武王直到晚年才承受上天之命而为天子，因此他还有许多没来得及完成的事情。武王死后，周公辅助成王才成就了文王和武王的德业，追尊太王、王季为王，用天子的礼制来追祀祖先，并且把这种礼制一直实行到诸侯、大夫、以及士和庶人中间。周公制定的礼节规定：如果父亲是大夫，儿子是士的，父死就要按大夫的礼制安葬、按士的礼制祭祀。如果父亲是士，儿子是大夫的，父死就要按士的礼制安葬，按大夫的礼制祭祀。守丧一周年，通行到大夫，守丧三整年，就只有天子才能使用。至于给父母守丧本身没有贵贱的区别，天子、庶人都是一样的。”

阅读延伸

此章同上一章一样，都是用中庸之道为人处事，解决社会问题。

一、任何事业，都是不断发展的，都不是一代人两代人，就能够彻底完成、结束的。

凡符合“赞天地之化育，则可以与天地参矣”之事业。这是唯有人才能从事的“道德”大业！就要一环一环接连做下去。前一代人开创的事业；这一代人要继续完成，并为下一代打好基础。一代一代不断地完善着、实现着。尤其是一个国家利国利民的大政方针，决不能轻易改动。否则，置“为人民服务”的根本原则于不顾只抓物质。就是违背了无过无不及的中庸之道德；就是违背了建党建国之初衷。致使无数革命先烈为之奋斗的事业前功尽弃！

二、天地的正常运行，是有一定的规律的。日月星辰不按轨迹运行，春夏秋冬四时就要乱套，庄稼无法耕种，生物无法生存；人类社会，没有规章制度，弱肉强食，各行其是，也就无法正常生活。正如第一章所说：“中也者，天下之大本也；和也者，天下之达道也。致中和，天地位焉，万物育焉。”根据新的社会情况，必须修订与之相应的规章制度，使社会“致中和”。这是实现和谐社会的必要保证！否则，只是高喊“和谐”，那只不过是一句毫无任何作用的空话！

第十九章

原文

子曰："武王，周公，其达①孝矣乎！夫孝者，善继人②之志；善述人之事者也。春秋③，修其祖庙，陈其宗器④，设其裳衣⑤，荐其时食⑥。"

"宗庙之礼，所以序昭穆⑦也；序爵⑧，所以辨贵贱也；序事⑨，所以辨贤也：旅酬下为上⑩，所以逮贱也⑪；燕毛⑫，所以序齿⑬也。"

"践其位⑭，行其礼，奏其乐；敬其所尊，爱其所亲；事死如事生，事亡如事存，孝之至也。"

"郊社之礼⑮，所以事上帝也；宗庙之礼，所以祀乎其先也。明乎郊社之礼，禘尝⑯之义，治国其如示诸掌乎⑰！"

注释

①达：通"大"字。

②人：指祖先。下面"人"字同此意思。

③春秋：一年四季的代称。这里指祭祖的季节。《诗经·鲁颂·閟宫》："春秋匪解（懈），享祀不忒。"修：整理。

④陈其宗器：陈，陈列。宗器，古代宗庙祭祀时所用的器物。郑玄注："宗器，祭器也。"又一说：宗器，祖宗传下来的贵重器具，用于礼乐。《左传·襄公二十三年》："重之以宗器。"杜预注："宗庙礼乐之器，钟磬之属。"

⑤裳衣：指祖宗生前穿过的衣服。裳是下衣，衣是上装。

⑥荐其时食：荐，进献、献上。时食，指古代祭祀祖先所献上的时令鲜食。

⑦序昭穆：排列昭穆的次序。是古代一种宗法制度，宗庙的次序是有规定的，以始祖庙的牌位居中，以下二世、四世、六世，位于始祖的左方，称为昭。三世、五世、七世位于右方，称为穆。《周礼·春官·小宗伯》："辨庙祧之昭穆。"郑玄注："父曰昭，子曰穆。"在这里指祭祀的时候，可以排列出父子、长幼、亲疏的次序。

⑧序爵：祭祀者按官爵大小，以公、侯、卿、大夫分为四等排列先后。

⑨序事：按在祭祀中担任的职务排列先后次序。事，职事，职务。

⑩旅酬下为上：旅，众。酬，以酒相劝为酬。郑玄注："先自饮，乃饮宾，为酬。"下为上，祭祀将终，旁系亲属的兄弟（宾）与直系亲属的兄弟（主）按次序敬酒。弟弟先举杯向兄长敬酒，如同祭礼时，主人先向来宾敬酒。现在"下"，以主人身份向"上"敬酒，因此叫做"下为上"。

⑪所以逮贱也：逮，及。这句意为祖宗的恩惠荣誉达到在下位的卑贱者。

⑫燕毛：燕，同"宴"，宴会。毛，毛发，头发，意为长幼。指祭祀完毕，举行宴饮时，以毛发的颜色来区别老少长幼，安排宴会的坐次。

⑬序齿：齿，年龄。即依据年龄的大小来定宴会的坐次或饮酒的顺序。

⑭践其位：各就各位，站到应站的位置。

⑮郊社之礼：周代在冬至的时候，在南郊举行祀天的仪式，称之为"郊"；夏至的时候，在北郊举行祭地的仪式，称之为"社"。

⑯禘尝：禘（dì），五年一次大祭，极为隆重，只有天子有权举办。尝：为宗庙四时祭祀之一，每年秋季举行。《礼记·王制》："天子诸侯

宗庙之祭，春曰礿，夏曰禘，秋曰尝，冬曰烝。”

⑰治国，其如示诸掌乎：这里是说，治理国家容易，如同容易看清自己的手掌一样。示，同“视”。此与《论语》文意大同小异。《论语·八佾》：“或问禘之说，子曰：‘不知也；知其说者之于天下也，其如示诸斯乎！’指其掌。”

译文

孔子说：“周武王和周公真是最守孝道的人吧！所说的孝道，就是善于继承先人的遗志，善于继续先人未完成的功业。在春秋两季祭祀的时节，整修祖宗庙宇，陈列祭祀器具，摆设先王遗留下来的衣裳，进献祭祀应时的鲜美食品。

“按照宗庙祭祀的礼制，把父子、长幼、亲疏的次序排列出来；把官职爵位的次序排列出来，就能将贵贱分辨清楚；在众人劝酒时把执事职位的次序排列出来，就能将才能的高低分辨清楚；晚辈必须先向长辈举杯，这样祖先的恩惠就会延及到晚辈，宴饮时按头发的颜色来决定宴席坐次，这样就能使老小长幼秩序井然。

“站在适宜的位置上，行先王传下的祭礼，演奏先王时代的音乐，尊敬先王所尊敬的，爱戴先王所爱戴的。侍奉死去的人就像侍奉活着的人一样；侍奉亡故的人就像侍奉生存着的人一样，这才是孝的最高境界。

“制定了祀天祭地的礼节，是用来侍奉皇天后土的；制定了宗庙的礼节，是用来祭祀祖先的。明白了郊社的礼节，大祭小祭的意义，那么治理天下国家的道理，也就像看着自己手掌上的东西那样容易明白啊！”

阅读延伸

这一章是紧接上一章，具体论述武王和周公的孝。实则是论述了

“孝”的道德内涵。这一章有几句话可以去思考。

第一句“夫孝者，善继人之志，善述人之事者也。”

这句话的意思通俗地说，孝，就是能够继承先人的遗志以及未完的事业。也因为有着这么一种孝的理念，所以中国自古就有子承父业的说法。

当然，子承父业这个并不是绝对的。在这句话中，有个容易被人所忽视的因素。这个因素就是继承应该如何去定义。我们常规的理解，继承就是上一代把东西给了下一代。或者说，是某人从某先人手里接过什么。如果单纯地用这样的继承去理解这句话中的继字，就会是一种错误。我个人认为，真正的继承应该不单是形式上的，更多的是一种精神的内在，确切地说，是一种精神的精髓。我打个比方，对于中国先哲留下来的典籍，我们该如何继承？只是单单保存或者收藏或者继续传承？我个人不认为这是一种继承。

我所认为的继承是领会先哲所想表达的精髓思想，进一步地发展或者光大。那么真正的孝，就应该是理解父母所传达给你的情感，持续并且发展下去。父母所想传达给你的情感无非有几点，一是健康，二是平安。当然，不排除个别黑心的父母。我们也可以理解这样的父母是不孝的，因为他们没有继承着上一代所遗留给他们的情感。中国很多人一直认为孝就是子对父，这种观念，我不认为是正确的。父对子依旧也是一种孝，传承的孝。

第二句“事死如事生，事亡如事存，孝之至也。”

这句话通俗地说，就是对待死者如同对待活着时，对待不存在的如同对待存在的，这就是孝的极致。这里所表达的意思就是尊重以及继承。当然，你也可以理解为敬重或者传承。因为你尊重一个人，所以不论这个人生还是死，你都会从心底去尊重。也因为你敬重某样事物，所以不论这个事物是否存在，你依旧会去敬重。这个就可以叫着至诚至孝。

“治国其如示诸掌乎。”这句话的意思是说，如果明白了各种祭祀的理解，那么治理国家就如同放在手掌中一般清晰。这句话的意思我个人的理解（不是通俗解释）是明白了礼制的用途和含义，那么治国也会得心应手。礼制在某个层面上就是一种道德的法律，约束着内心的不道德，抑制邪念和逾越的产生。

第二十章

原文

哀公①问政。子曰：“文武之政，布在方策②。其人存③，则其政举；其人亡，则其政息④。人道敏政⑤，地道敏树⑥。夫政也者，蒲卢⑦也。

“故为政在人，取人以身，修身以道，修道以仁。仁者，人也⑧，亲亲为大⑨。义者，宜也，尊贤为大。亲亲之杀⑩，尊贤之等，礼所生也⑪。”

注释

①哀公：即鲁哀公，姓姬，名蒋。春秋时鲁国国君，在位二十七年，谥号哀公。

②布在方策：布，陈述，陈列。方策，指典籍。方，方版，古时书写用的木板。策，同“册”，书写用的竹简。

③其人存：那样的人存在。人，指贤人。

④息：息灭，消失。

⑤人道敏政：人道，是我国古代哲学中与“天道”相对的概念。这里指以人施政的道理。敏，迅速。

⑥地道敏树：意为用沃土种植的道理。树，动词用法，指栽培树木。

⑦蒲卢：即芦蒲，“卢”与“芦”同。因芦苇容易生长，所以比喻君子从政如能得到贤臣会很快成功。

⑧仁者，人也：意思是说，所说的“仁”，就是指人们之间相亲相爱。孔子所说的“仁”，包含的内容非常广泛，如恭、宽、信、敏、惠、智、勇、忠、恕、孝、弟等各个方面都包括进去了。而以“忠、恕”为实行的方法。《孟子·尽心下》：“仁也者，人也。合而言之。道也。”

⑨亲亲为大：这句是说，人们虽然相互亲爱，但都是以爱自己的亲属为主要方面。亲亲，前一个“亲”字为动词，意为“爱”。后一个“亲”字，意为亲人、亲属。《孟子·尽心上》：“亲亲而仁民。”“亲亲，仁也；敬长，义也。”

⑩杀（shài）：降等。《礼记·文王世子》：“其族食世降一等，亲亲之杀也。”这里指亲爱亲族要按关系远近有所分别。

⑪礼所生也：这句话是说“亲亲之杀，尊贤之等”都是从礼仪中产生。礼，泛指奴隶社会或封建社会贵族等级制的社会规范和道德规范。《论语·为政》：“齐之以礼。”朱熹注：“礼，谓制度品节也。”

译文

鲁哀公向孔子请教如何治理好政务。孔子说：“周文王和周武王的政令，都写在木版竹简上。像他们那样有贤臣，那么政令就会得到贯彻实行，如果没有贤臣，政令就会失效。以贤人施政的道理在于使政治迅速昌明；以沃土植树的道理在于使树木迅速生长。贤人施政最容易取得成效，就像种植芦苇那样容易生长。

“因此，国君治理政务取决于贤臣，贤臣的获得取决于明君的品德修养，品德修养取决于遵循天下的大道，遵循天下大道取决于仁爱之心。

“所谓仁，就是人与人之间相互亲爱，亲爱亲人最为主要。所谓义，就是人们相处应当适宜得当，尊敬贤人最为主要。亲爱亲人时有亲疏之分，尊敬贤人时有等级之别。这些都是从礼制中产生出来的。”

原文

“在下位不获乎上，民不可得而治矣。故君子不可以不修身；思修身，不可以不事亲；思事亲，不可以不知人；思知人，不可以不知天。

“天下之达道五，所以行之者三。曰：君臣也；父子也；夫妇也；昆弟①也；朋友之交也。五者，天下之达道也。知、仁、勇三者，天下之达德②也。所以行之者一也③。

“或生而知之④，或学而知之，或困而知之，及其知之一也。或安而行之，或利而行之，或勉强而行之，及其成功一也。”

子曰：“好学近乎知，力行近乎仁，知耻近乎勇。”

知斯三者，则知所以⑤修身；知所以修身，则知所以治人；知所以治人，则知所以治天下国家矣。

注释

①昆弟：兄和弟。昆，兄长。也包括近房的和远房的弟兄。

②知、仁、勇：这三者为儒家的伦理思想，被誉为通行于天下的美德。《论语·宪问》：“仁者必有勇，勇者不必有仁。”又：“君子道者三，我无能焉：仁者不忧，知者不惑，勇者不惧。”知，同“智”。达德：通行于天下的美德。朱熹注：“谓之达德者，天下古今所同得之理也。”

③行之者一也：一，专一，诚实。

④生而知之：一生下来就知道。“之”，指代上文“天下之达道”。这里三句参见《论语·季氏》篇：“生而知之者，上也；学而知之者，次也；困而学之，又其次也；困而不学，民斯为下矣。”

⑤所以：怎样。

译文

“在下位的人臣，如果不先得到君主的信任，就不能得民心，就不能治理人民。所以，君子不能不修养品德。想要修养品德，不能不侍奉亲人。想要侍奉亲人，不能不尊贤爱人。想要尊贤爱人，不能不了解天理。

“天下普遍共行的大道有五项，实践大道的美德有三条。君臣、父子、夫妇、兄弟、朋友交往，这五项是天下的大道。智慧、仁爱、勇敢这三条是天下的美德。实践这些大道和美德的关键是诚实。

“有的人生来就知道这些道理，有的人通过学习才知道这些道理，有的人经过困惑后才知道这些道理，虽然人们知道有先有后，但最终掌握这些道理，他们却都是一样的了。有的人心安理得地去实行大道，有的人贪图利益而去实行大道，有的人则是勉强去实行大道。最终他们成功的时候，却都是一样的。”

孔子说：“喜好学习的人就接近智慧了，尽力行善的人就接近仁爱了，知道羞耻的人就接近勇敢了。”知道这三点的人，就知道如何修养品德。知道如何修养品德，就知道如何治理别人。知道如何治理别人，就知道如何去治理天下国家了。

原文

凡为天下国家有九经[①]，曰：修身也；尊贤也；亲亲也；敬大臣也；体[②]群臣也；子庶民[③]也；来百工也[④]；柔远人也[⑤]；怀诸侯[⑥]也。

修身，则道立；尊贤，则不惑；亲亲，则诸父昆弟不怨；敬大臣，则不眩[⑦]；体群臣，则士之报礼重[⑧]；子庶民，则百姓劝[⑨]；来百工，则财用足；柔远人，则四方归之；怀诸侯，则天下畏之。

齐明盛服[⑩]，非礼不动，所以修身也；去谗远色[⑪]，贱货而贵德，所以劝贤也；尊其位，重其禄，同其好恶，所以劝亲亲也；官盛任使[⑫]，所以劝大臣也；忠信重禄，所以劝士也；时使薄敛[⑬]，所以劝百姓也；日省月试[⑭]，既禀称事[⑮]，所以劝百工也；送往迎来，嘉善而矜[⑯]不能，所以柔远人也；继绝世[⑰]，举废国[⑱]，治乱持[⑲]危，朝聘[⑳]以时，厚往而薄来，所以怀诸侯也。凡为天下国家有九经，所以行之者一也。

注释

①九经：九条准则。经，常规、准则。《孟子·尽心下》："君子反（返）经而已矣；经正则庶民兴。"

②体：体察、体谅、体贴。

③子庶民：意为如同父母爱护儿女那样对待庶民。子，动词，即"爱……如子"，庶民，众民，普通的百姓。《诗经·大雅·灵台》："庶民攻之，不日成之。"

④来百工：来，招来，招集。《吕氏春秋·不侵》："不足以来士矣。"工，工匠。百工是西周时对工奴的总称，春秋时沿用此称，并作为各种手工业工匠的总称。《论语·子张》："百工居肆，以成其事。"

⑤柔远人：意为安抚边远地来的外族人。柔，怀柔，安抚，引申为优待。远人，指远方的外族人。《周礼·春官·大司乐》："以安宾客，以说（悦）远人。"

⑥怀诸侯：怀，安抚。诸侯，古代天子分封的各邦国王称侯，又称诸侯。

⑦眩（xuàn）：眼花，引申为迷惑。

⑧报：报答。礼：这里指敬意。重：深厚。

⑨劝：勉力，努力。

⑩齐（zhāi）明：此处专指内心虔诚。盛服：这里指外表仪容端庄整齐。

⑪去谗（chán）：去，摒除。谗，谗言，此处指说坏话的人。远色：远离女色。

⑫官盛任使：官盛，官属众多。任使，足供任用。

⑬时使：使用百姓服劳役，不要耽误农时。薄敛：减轻向百姓征收

的税赋。《孟子·梁惠王上》："省刑罚，薄税敛。"薄，减轻。敛，征收。

⑭日省月试：省，视察。试，考核。

⑮既禀称事：送给别人的薪资粮米，要与工作效果相符合。称(chèn)，相称，符合。事，工效，工作成果。

⑯矜（jīn）：怜悯、同情。

⑰继绝世：继，承继，延续。绝世，已经中断俸禄的家族世系。古代卿大夫的封邑采地，由子孙世袭。如果某一代有过失便被停止领有封邑采地，就会停止俸禄。继绝世就是使得卿大夫的后代恢复食禄，延续世系家族。

⑱举废国：举，任用，复兴。废国，指已被废灭的邦国。《论语·尧曰》："兴灭国，继绝世，举逸民。"

⑲持：扶持，解救。

⑳朝聘（pìn）：古代诸侯定期朝见天子。每年一见，叫小聘，三年一见称大聘，五年一见称朝聘。《礼记·王制》："诸侯之于天子也，比年一小聘，三年一大聘，五年一朝。"这里指天子主持朝聘之礼。

译文

大凡国君治理天下国家有九条准则。这就是说：第一要修养品德，第二要尊重贤人，第三要亲爱亲族，第四要敬重大臣，第五要体贴众臣，第六要爱民如子，第七要招雇百工，第八要优待边远异族，第九要安抚四方诸侯。

修养品德，就能树立良好的道德典范；尊重贤人，就不会被人事的假相所迷惑；亲爱亲族，亲人、叔伯、兄弟就不会抱怨；敬重大臣，处事就不会感到恍惚迷惑；体贴众臣，受恩惠的士臣都会以重礼回报；爱民如子，百姓们都会更加努力勤奋；招雇百工，财富用度就会充足；优待边远异族，四方边境的人就会归顺；安抚四方诸侯，普天下就会自然信服敬畏。

清心寡欲，仪表端庄，无礼的事不做，这才是修养品德的方法；摒除谗言，远离美色，轻视财物，重视德性，这才是劝勉贤人的最好方法；尊崇亲族的地位，重赐亲族的俸禄，好恶与他们一致，这才是努力亲爱亲族的方法；为大臣多设属官，足供任用，这才是奖励大臣的方法；对士臣要讲究忠诚信实，并以厚禄供养他们，这才是鼓励士臣为国效力的方法；役使百姓要适时，减轻所征的税赋，这才是劝勉百姓努力从事劳动的方法；每日察看，每月考查，付给粮资与他们的工效实绩相称，这才是劝勉各种工匠努力工作的方法；盛情相迎，热情相送，嘉奖有善行的人，同情才能不足的人，这才是优待边远异族的方法；延续中断俸禄的世家，复兴颓败废灭的邦国，整治混乱，解救危难，定期朝见聘问，贡礼薄收，赏赐厚重，这才是安抚诸侯的方法。大凡国君治理天下国家有九条准则，但实行它们的道理都是一样的，关键在一个“诚”字。

原文

凡事豫①则立，不豫则废。言前定，则不跲②；事前定，则不困；行前定，则不疚③；道前定，则不穷。

在下位不获乎上，民不可得而治矣；获乎上有道，不信乎朋友，不获乎上矣；信乎朋友有道，不顺乎亲④，不信乎朋友矣；顺乎亲有道，反诸身不诚，不顺乎亲矣；诚身有道，不明乎善，不诚乎身矣⑤。

诚者，天之道也；诚之⑥者，人之道也。诚者，不勉而中，不思而得，从容中道⑦，圣人也。诚之者，择善而固执⑧之者也。

博学之，审问之，慎思之，明辨之，笃行之。有弗学，学之弗能弗措也；有弗问，问之弗知弗措也；有弗思，思之弗得弗措也；有弗辨，辨之弗明弗措也⑨；有弗行，行之弗笃弗措也。人一能之，己百之；人十能之，己千之。果能此道矣，虽愚必明，虽柔必强。

注释

①豫：同“预”，预谋。

②跲（jiá）：窒碍，说话不通畅。

③疚（jiù）：内心不安。

④顺乎亲：顺，使动词，使顺心、高兴。亲：父母亲。

⑤不诚乎身矣：此处以上整段与《孟子·离娄上》篇中一段基本相同。这是《中庸》引《孟子》，还是《孟子》引《中庸》，不易断定。据张岱年先生分析，可能是《孟子》引《中庸》。孟子虽然受业子思门人，但自以为“私淑”孔子，对子思并不敬重，故著书引《中庸》而不标明子思的名字。（《中国哲学史料学》第36页）

⑥诚之：使之诚，使自己做到诚。诚，是人生来就有的诚，是圣人的能力。诚之者，是人为的诚，是普通人应该遵循的原则。

⑦从容：举止行动。《礼记·缁衣》：“衣服不贰，从容有常。”孔颖达疏：“谓举动有其常度。”另一说为舒缓不迫。中道：指中庸之道。《孟子·尽心下》：“孔子岂不欲中道哉？”赵岐注：“中道，中正之大道也。”

⑧固执：坚守不渝。执，握住。

⑨弗（fú）措也：弗，不。措，废置，搁置。

译文

凡事有预谋就会成功，没有预先策划就会失败。说话预先想定就不会语塞中断，做事预先想定就不会感到困难。行动之前预先想定就不会内心不安。执行规则预先想定就不会陷入绝境。

处在下位的人得不到上级的信任，百姓就不可能治理好了。得到上级的信任是有道理的，得不到朋友的信任就得不到上级的信任。得到朋友的信任是有道理的，不孝顺父母就得不到朋友的信任。孝顺父母是有道理的，自己心不诚就不能孝顺父母。心诚是有道理的，不明晓善就不能使自身心诚了。

诚实是天道的法则；做到诚实是人道的法则。天生诚实的人，不必勉强为人处事合理，不必思索言语行动得当。从容不迫地达到中庸之道，这种人就是圣人。做到诚实的人，就必须选择至善的道德，并且要坚定不渝地实行它才行。要广博地学习，要详细地询问，要慎重地思考，要清晰地辨别，要忠实地贯彻。

要么就不学，学了没有学会就不中止。要么就不问，问了还不明白就不中止。要么就不思考，思考了没有收获就不中止。要么就不辨别，辨别了不清楚就不中止。要么就不实行，实行了不到忠实程度就不中止。别人一次能做到的，我用百倍的功夫，别人十次能做到的，我用千倍的功夫。如果真能这样做，即使愚笨也会变得聪明，即使柔弱也会变得刚强。

阅读延伸

这一章是《中庸》全篇的枢纽。此前各章主要是从方方面面论述中庸之道的普遍性和重要性，这一章则从鲁哀公询问政事引入，借孔子的回答提出了政事与人的修养的密切关系，从而推导出天下人共有的五项伦常关系、三种德行、治理天下国家的九条原则，最后落脚到“真诚”的问题上来，并提出了做到真诚的五个具体方面。本章以后各章，就是围绕“真诚”的问题而展开的了。

回到本章的内容来看，首先谈的是政治问题。直到20世纪80年代明确提出“以经济建设为中心”，中国社会一直是一个政治型的社会，政治在社会生活中头等重要的地位，也是儒学头等重要的话题。孔子把政治比作芦苇，取的是它的可塑性。意思是说：什么样的人执政，就会有什么样的政治。尧舜禹汤文武执政，于是有仁政；纣王执政，于是有酒池肉林；始皇执政，于是有焚书坑儒；太宗执政，于是有贞观之治；

希特勒执政，于是有法西斯主义。如此等等，不一而足。所以，孔子提出“为政在人”的问题，强调执政者的修养。这与毛泽东时代提出培养“无产阶级革命事业接班人”，我们今天要求选拔“跨世纪的领导干部”，虽然在人的素质内涵上已有根本的不同，但在对执政者修养的要求问题上却是有相通之处的。

关于天下人共有的五项伦常关系，除了因进入民主时代而再无君臣关系外，其他几项关系都依然是与我们血肉相连而不可分割的，也都是需要我们正确处理而不可忽视的。至于处理这几项关系的三种德行，智、仁当然是不言而喻的，倒是“知耻近乎勇”一点，值得我们补上两句。俗话说：“羞耻之心，人皆有之。”孟子说：“羞耻之心对于人至关重要！搞阴谋诡计的人是不知道羞耻的。不以自己不如别人为羞耻，怎么能够赶得上别人呢?”（《孟子·尽心上》）也就是说，知道羞耻是赶上别人的重要条件之一。个人是这样，一个国家，一个民族也是这样，所以，我们以“毋忘国耻”作为爱国主义教育的重要内容之一。究其实质，正是因为“知耻近乎勇”。一个人只有知道羞耻，才能够勇于改正错误，勇于弥补自己的不足，迎头赶上别人，从而免于羞耻。一个民族，一个国家，只有知道羞耻，才能够发愤图强，富国强兵，富民兴邦，自立于世界民族之林。这就是“知耻近乎勇”的道理所在。

关于治理天下国家的九条原则，方方面面，实际上是《大学》里提出的修身、齐家、治国、平天下几个阶段的具体展开。是实用的统治学理论。值得我们特别注意的是“凡事豫则立，不豫则废”的思想。这与孔子所说的“人无远虑，必有近忧”（《论语·卫灵公》）相近，都是未雨绸缪，防患于未然，或者说是“不打无准备之仗”的思想，具有深刻的哲学内涵，值得我们贯彻到实际生活中去，而不仅仅适用于政治范畴。

最后说到如何做到真诚的问题。“择善固执”是纲，选定美好的目标而执着追求。“博学、审问、慎思、明辨、笃行”是目，是追求的手段。立于“弗措”的精神，“人一能之，己百之；人十能之，己千之”的态度，则都是执著的体现。“弗措”的精神，也就是《荀子·劝学》里的名言“锲而舍之，朽木不折；锲而不舍，金石可镂”的精神；“人一能之，己百之；人十能之，己千之”的态度，也就是俗语所说的“笨鸟先飞”的态度，龟兔赛跑的寓言里那获胜的乌龟的态度。其实，无论是纲还是目，也无论是精神还是态度，都绝不仅仅适用于对真诚的追求，举凡学习、工作，生活的方方面面，抓住这样的纲，张开这样的目，坚持这样的精神与态度，有什么样的困难不能克服，有什么样的成功不能取得呢？

总而言之，本章内容丰富而涵盖面广，几乎涉及到《大学》格、致、诚、正、修、齐、治、平的各个环节，特别值得引起我们的重视。

第二十一章

原文

自诚明[1]，谓之性；自明诚，谓之教；诚则[2]明矣，明则诚矣。

注释

①自诚明：指明白道理。自，由，从。明，明白。

②则：即。

译文

由内心真诚达到明晓道理，这叫做天性。由明晓道理达到内心真诚，这叫做教化。内心真诚就会明晓道理，明晓道理就会内心真诚。

阅读延伸

这一章继续谈论“诚”的问题。人或者天生具备诚的道德，或者后天修养而具备诚的道德，虽然两者不同，但功用却相通，最终的结果都是一样的。明道向善不问先天后天。从另一个角度看，这里也表达了天人合一的思想。所以朋友们对待他人，要从真诚做起，这是一种道德修养。

可以说，诚实自古以来就是世人所提倡、所发扬的优良美德，这是不可否认的事实，在这种以诚为主的社会，那些弄虚作假的，那些虚伪的东西是没有立足之地，我们需要的就是这颗永不枯竭，赤诚之心！纵览那些成功的人士，他们的成功无不和诚实联系在一起，世界推销员冠军——乔·吉拉德，他之所以能成为冠军之首，和他那以诚服人是分不开的，正是因为他拥有那颗赤诚之心，才受到他人的信赖和称赞！再看看那些世界元首，他们之所以能坐上别人都想坐的那显赫神圣的宝座，当然和他的努力，拼搏分不开，但最关键的还是他们所拥有那颗时时贴近民众诚实之心！

第二十二章

原文

唯天下至诚，为能尽其性①；能尽其性，则能尽人之性；能尽人之性，则能尽物之性；能尽物之性，则可以赞②天地之化育；可以赞天地之化育，则可以与天地参③矣。

注释

①唯：独，只有。至诚：指至诚的人，即圣人。尽：竭尽。尽其性：尽量发挥自己天赋的本性。郑玄注：“尽性者，谓顺理之使不失其所也。”儒家学者认为，人与万物的本性，都包含着“天理”，只有至诚的圣人，才能充分发挥自己以及一切人的本性，进而发挥万物的本性。

②赞：赞助，帮助。

③与天地参：和天地并立为三。参：并立，并列。

译文

只有天下最真诚的人，才能充分发挥天赋的本性；能充分发挥天赋的本性，就能充分发挥天下众人的本性；能充分发挥天下众人的本性，就能充分发挥万物的本性；能充分发挥万物的本性；就能赞助天地养育万物；能赞助天地养育万物，就能与天地并立为三了。

阅读延伸

真诚者只有首先对自己真诚，然后才能对全人类真诚。真诚可使自己立于与天地并列为三的不朽地位。它的功用居然有如此之大，那我们又何乐而不为呢。

同时也强调发挥个人的精神力量，来改变世界、创造世界。一个人必须有良好的道德、良好的心理素质，以及改造世界的信心，这样才能做自己的主人，才能生活得很快乐。

小故事：诚实的晏殊

北宋词人晏殊，素以诚实著称。在他十四岁时，有人把他作为神童举荐给皇帝。

皇帝召见了他，并要他与一千多名进士同时参加考试。结果晏殊发现考试是自己十天前刚练习过的，就如实向真宗报告，并请求改换其他题目。

宋真宗非常赞赏晏殊的诚实品质，便赐给他“同进士出身”。晏殊当职时，正值天下太平。于是，京城的大小官员便经常到郊外游玩或在城内的酒楼茶馆举行各种宴会。晏殊家贫，无钱出去吃喝玩乐，只好在家里和兄弟们读写文章。

有一天，真宗提升晏殊为辅佐太子读书的东宫官。大臣们惊讶异常，不明白真宗为何做出这样的决定。真宗说：“近来群臣经常游玩饮宴，只有晏殊闭门读书，如此自重谨慎，正是东宫官合适的人选。”晏殊谢恩后说：“我其实也是个喜欢游玩饮宴的人，只是家贫而已。若我有钱，也早就参与宴游了。”这两件事，使晏殊在群臣面前树立起了信誉，而宋真宗也更加信任他了。

小故事：一个因失信而丧生的故事

《郁离子》中记载了一个因失信而丧生的故事。济阳有个商人过河时船沉了，他抓住一根大麻杆大声呼救。有个渔夫闻声而致。商人急忙喊：“我是济阳最大的富翁，你若能救我，给你 100 两金子”。待被救上岸后，商人却翻脸不认帐了。他只给了渔夫 10 两金子。渔夫责怪他不守信，出尔反尔。富翁说：“你一个打渔的，一生都挣不了几个钱，突然得十两金子还不满足吗?”渔夫只得快快而去。不料想后来那富翁又一次在原地翻船了。有人欲救，那个曾被他骗过的渔夫说:“他就是那个说话不算数的人!”于是商人淹死了。商人两次翻船而遇同一渔夫是偶然的，但商人的不得好报却是在意料之中的。因为一个人若不守信，便会失去别人对他的信任。所以，一旦他处于困境，便没有人再愿意出手相救。失信于人者，一旦遭难，只有坐以待毙。

第二十三章

原文

其次致曲①，曲能有诚，诚则形②，形则著③，著则明④，明则动，动则变⑤，变则化⑥，唯天下至诚为能化。

注释

①其次：次一等的人。指次于“自诚明”的圣人，即贤人。致曲：指从平日一言一行着手，推究出细微事物的道理。致，推致。曲，细小的事。郑玄注：“犹小小之事也。”

②形：显露，表现。

③著：显著。

④明：明亮，光明。

⑤变：变革，指变革人心。

⑥化：感化，指使人不自觉地改恶从善。

译文

那些次于圣人的贤人，从细微处入手推究道理，细微之处也能达到真诚的境界。达到真诚就会表现出来，表现出来了就会日益显著，日益显著就会光辉明亮，光辉明亮就会感动万物，感动万物就会变革人心，变革人心就会感化人群，只有天下至诚的人才能做到感化人群。

阅读延伸

这一章相对于上一章而言。上一章说的是天生至诚的圣人，这一章说的是比圣人次一等的贤人。换句话说，圣人是“自诚明”，天生就真诚的人，贤人则是“自明诚”，通过后天教育明白道理后才真诚的人。贤人虽然致力于某一方面，但通过教育和修养，通过：“形、著、明、动、变、化”的阶段，同样可以一步一步地达到圣人的境界：化育万物，与天地并列为三。

说到底，只要你努力奋斗，曲径通幽，条条道路通罗马，最终都可以大功告成，修成正果。在劝人真诚的问题上，《中庸》真可以说是苦口婆心，不遗余力的了。

第二十四章

原文

至诚之道，可以前知①。国家将兴，必有祯祥②；国家将亡，必有妖孽③。见乎蓍龟④，动乎四体⑤。祸福将至，善，必先知之；不善，必先知之。故至诚如神⑥。

注释

①至诚之道：即指“至诚”。可以前知：可以预知未来。

②祯（zhēn）祥：吉祥的预兆。本有今无的物象称祯，本无今有的物象称祥。

③妖孽：物类反常的现象。草木之类的怪物称妖，虫豸之类的怪物称孽。

④见（xiàn）乎蓍（shī）龟：从蓍草和龟甲的占卜中发现。古代用蓍草和龟甲来占卜吉凶如何。《易·系辞上》：“探赜（zè）索隐，钩深致远，以定天下之吉凶，成天下之亹亹（wěi）者，莫大乎蓍龟。”

⑤动乎四体：此指从人们的仪表、动作中察觉。四体，四肢，手足。

⑥如神：不可言说，如神之微妙。

译文

最高境界的真诚可以预知未来。国家即将兴盛时，一定会有吉祥的预兆。国家将要灭亡时，一定会有妖孽出来作怪，这些或从蓍草、龟甲的占卜中发现，或从人体的仪表、动作中察觉。祸福即将来临之前，是吉兆，一定能预先知道；是凶兆，也一定能预先知道。因此说，最高境界的真诚如同神灵一般。

阅读延伸

心诚则灵。灵到能预知未来吉凶祸福的程度，可就不是一般人能达到的境界了。

古代社会，人们不具备科学思想，对未来的预测，主要通过占卜的方式进行，这当然是一种封建迷信。但是，这几句话认为“诚”如神灵一般可以预知未来的吉凶，在当时却是有积极意义的。

至于“国家将兴，必有祯祥；国家将亡，必有妖孽”的现象，历代的正史野史记载可以说是比比皆是，不胜枚举。其实，撩开神秘的迷雾，这里的意思不外乎是说，由于心灵达到了至诚的境界，不被私心杂念所述惑，就能洞悉世间万物的根本规律，因此而能够预知未来的吉凶祸福、兴亡盛衰。

一言归总，还是说到真诚的出神入化功用。

小故事：卖火柴的小男孩

18世纪英国的一位有钱的绅士，一天深夜走在回家的路上，被一个蓬头垢面衣衫褴褛的小男孩儿拦住了。“先生，请您买一包火柴吧”，小男孩儿说道。“我不买”。绅士回答说。说着绅士躲开男孩儿继续走，“先生，请您买一包吧，我今天还什么东西也没有吃呢”小男孩儿追上来说。绅士看到躲不开男孩儿，便说：“可是我没有零钱呀”，“先生，你先拿上火柴，我去给你换零钱”。说完男孩儿拿着绅士给的一个英镑快步跑走了，绅士等了很久，男孩儿仍然没有回来，绅士无奈地回家了。第二天，绅士正在自己的办公室工作，仆人说来了一个男孩儿要求面见绅士。于是男孩儿被叫了进来，这个男孩儿比卖火柴的男孩儿矮了一些，穿的更破烂。“先生，对不起了，我的哥哥让我给您把零钱送来了”“你的哥哥呢?”绅士道。“我的哥哥在换完零钱回来找你的路上被马车撞成重伤了，在家躺着呢”，绅士深深地被小男孩儿的诚信所感动。“走！我们去看你的哥哥！”去了男孩儿的家一看，家里只要两个男孩的继母在招呼受到重伤的男孩儿。一见绅士，男孩连忙说：“对不起，我没有给您按时把零钱送回去，失信了！”绅士却被男孩的诚信深深打动了。当他了解到两个男孩儿的亲父母都双亡时，毅然决定把他们生活所需要的一切都承担起来。

第二十五章

原文

诚者，自成[①]也；而道，自道[②]也。诚者，物之终始，不诚无物。是故，君子诚之为贵。诚者，非自成己而已[③]也，所以成物也。成己，仁也；成物，知也；性之德也，合外内之道也，故时措[④]之宜也。

注释

①自成：自己成全自己。成，成全。

②自道：自己引导自己。道（dǎo），同“导”，引导。

③非自成己而已：并非只是成全自己就完了。己，自己。已：中止，够了。

④措：用，实施。

译文

真诚，意思是自己成全自己。而道，意思是自己引导自己。真诚贯穿万物的终止和发端。没有真诚就没有万物。因此，君子把真诚看得非常珍贵。真诚，并非只是成全自己就够了，还要成全万物。成全自己是仁义，成全万物是智慧。这是发自本性的品德，是结合了天地内外的道理，所以，适合在任何时候实施。

阅读延伸

好学近乎智，力行近乎仁。这里把智、仁与真诚的修养结合起来了。因为，真诚从大的方面来说，是事物的根本规律，是事物的发端和归宿；真诚从细的方面来说，是自我的内心完善。所以，要修养真诚就必须做到物我同一，天人合一。而要做到这一点既要靠学习来理解，又要靠实践来实现。

“诚”贯穿于万事万物的始终，无处不在，它是人性中固有的品德。我们仅仅用诚来完善自己的人格是不够的，我们还应该用自己的诚来影响他人、感染他人。如果每个人都奉献一点点真诚，那么世界将成为美好的人间。自己解放了，全人类都解放了，世界也就大同了。自己真诚了，他人真诚了，真诚无处不在，无时不有，世界也就美好无欺了。说到底，还是真诚的奇妙神功。

小故事：商鞅的立木为信

春秋战国时，秦国的商鞅在秦孝公的支持下主持变法。当时处于战争频繁、人心惶惶之际，为了树立威信，推进改革，商鞅下令在都城南门外立一根三丈长的木头，并当众许下诺言：谁能把这根木头搬到北门，赏金十两。围观的人不相信如此轻而易举的事能得到如此高的赏赐，结果没人肯出手一试。于是，商鞅将赏金提高到五十两。重赏之下必有勇夫，终于有人站起将木头扛到了北门。商鞅立即赏了他五十金。商鞅这一举动，在百姓心中树立起了威信，而商鞅接下来的变法就很快在秦国推广开了。新法使秦国渐渐强盛，最终统一了中国。

小故事：周幽王的烽火戏诸侯

在商鞅“立木为信”的地方，在早它 400 年以前，却曾发生过一场令人啼笑皆非的“烽火戏诸侯”的闹剧。

周幽王有个宠妃叫褒姒，为博取她的一笑，周幽王下令在都城附近 20 多座烽火台上点起烽火——烽火是边关报警的信号，只有在外敌入侵需召诸侯来救援的时候才能点燃。结果诸侯们见到烽火，率领兵将们匆匆赶到，弄明白这是君王为博妻一笑的花招后又愤然离去。褒姒看到平日威仪赫赫的诸侯们手足无措的样子，终于开心一笑。

五年后，西夷犬戎大举攻周，幽王烽火再燃而诸侯未到——谁也不愿再上第二次当了。结果幽王被逼自刎而褒姒也被俘虏。一个“立木取信”，一诺千金；一个帝王无信，玩“狼来了”的游戏。结果前者变法成功，国强势壮；后者自取其辱，身死国亡。可见，“信”对一个国家的兴衰存亡起着非常重要的作用。

第二十六章

原文

故至诚无息①，不息则久，久则征②，征则悠远，悠远则博厚，博厚则高明。博厚，所以载物也；高明，所以覆物也；悠久，所以成物也。博厚配地③，高明配天，悠久无疆④。如此者，不见而章⑤，不动而变，无为而成。天地之道，可一言⑥而尽也：其为物不贰⑦，则其生物不测。天地之道：博也，厚也，高也，明也，悠也，久也。今夫⑧天，斯昭昭之多⑨，及其无穷也，日月星辰系焉⑩，万物覆焉。今夫地一撮土⑪之多，及其广厚，载华岳⑫而不重，振河海而不泄⑬，万物载焉。今夫山，一卷石之多⑭，及其广大，草木生之，禽兽居之，宝藏兴⑮焉。今夫水，一勺⑯之多，及其不测⑰，鼋鼍蛟龙鱼鳖生焉⑱，货财殖⑲焉。

《诗》云⑳：“维天之命，於穆不已㉑。”盖㉒曰：“天之所以为天也。”“於乎不显文王之德之纯㉓。”盖曰：文王之所以为文也，纯㉔亦不已。

注释

①息：休止，止息，停止。

②征：证验，证明，效验。

③配地：意思是与地有同样功效。配，匹配。

④无疆：无穷无尽。

⑤不见而章：见（xiàn），示现，表现。章，同“彰”，彰明，显

现，显著。

⑥一言：一字，指“诚”字。

⑦不贰：无二心。贰，同“二”。诚是忠诚如一，没有别的混杂，这就是为物不贰。

⑧夫（fú）：助词。

⑨斯昭昭之多：这句是指这个天由小小的明亮所积累。昭昭，光明、明亮。《楚辞·九歌·云中君》：“烂昭昭兮未央。”王逸注：“昭昭，明也。”

⑩星辰：星的通称。系，悬系。

⑪一撮土：指人们立足的只是一撮土地。撮（cuō）：用两三个指头撮取的分量，意为很少的数量。

⑫华岳：即西岳华（huà）山，为五岳之一，在今陕西省东部。

⑬振：收拢。郑玄注：“振，犹收也。”此处引申为“收容”的意思。泄：漏。

⑭一卷石之多：言山由小小石堆积累而成。一说卷（quán）通拳，石小如拳。

⑮兴：起，开发。

⑯勺：古代舀酒的器具，青铜制，形如有曲柄的小斗。

⑰不测：不可测度。指水深不可测；又一说指水波一望无际，浩瀚无涯。

⑱鼋（yuán）：也称绿团鱼，背甲近圆形，暗绿色。鼍（tuó）：也称扬子鳄，爬行动物，背褐色，有六横列角质鳞。蛟（jiāo）：古代传说中的动物，据说能引发洪水，龙之属也。龙：古代传说中一种有须有鳞能兴云作雨的神异动物。鳖（biē）：也称甲鱼，团鱼，俗称“脚鱼”。背甲橄榄色。

⑲殖：生殖，繁殖。

⑳《诗》云：这里引的几句诗出自《诗经·周颂·维天之命》。这

首诗是祭祀周文王的乐歌。

㉑维：语首助词。於：叹词。穆：深远。不已：不止，无穷。

㉒盖：推测之词，“大概”之意。

㉓於乎：与“呜呼”同。显：显明，光明。文王：指周文王。纯：纯洁无瑕。

㉔纯：纯洁（的品质）。

译文

所以，至诚的道理是永不停止的；永不停止就可长久流传，长久流传就会有效验，有效验就会悠久无穷，悠久无穷就会广博深厚，广博深厚就能高妙精明。广博深厚，能够承载天下万物；高妙精明，能够覆盖天下万物；悠久无穷，可以生长天下万物。广博深厚与地相配，高妙精明与天相配，悠久无穷就像天地那样无边无际。这样，不表现却自然彰明；不行动却自然感人化物，无所作为却自然获得成功。

天地的道理，可以用一句话概括：它自身诚一不二，而化生万物，形形色色，难以测知其中奥秘。天地的道理就在于广博，深厚，高妙，精明，悠远，长久。现在就说天吧，论小它不过是小小一片光明，论它的整体那真是无穷无尽，日月在上空运行，星辰在上空悬系，地上万物都被它覆盖着。现在拿地来说吧，论小它不过是一小撮土积累，论大它的整体广博深厚，承载着华山不觉得沉重，收容河海江湖而不见有水泄漏，万物都可以承载于大地之上。现在再说山吧，论小它不过是小小石头积累而成，论大它的整体高峻宽阔，草木花卉生长在山上，飞禽走兽栖居在山中，丰富的宝藏从里面开发出来。现在还谈水，论小它不过是一小勺水汇积起来，论大水的宽广，那真是浩瀚无际，深不可测，里面生活着鼋鼍、蛟龙、鱼鳖，各种财货也都从水中繁殖出来。

《诗经》里说：“只有上天的定理深远得很，运转永不停止。”这大概是说天之所以成为天的道理。“呜呼，这难道不光明！周文王的德性多么盛大纯洁!”这大概是说周文王之所以被尊谥为“文”就是因为他盛大纯洁的品德常行不止。

阅读延伸

这一章继续讨论诚的意义和作用，鼓励人们永不停止地追求诚。这里说的是人如果与自然界和谐相处，就会对自然界的变化起作用，而且不损害大自然。

生命不息，真诚不已。这是儒学修身的要求。不仅不已，而且还要显露发扬出来，达到悠远长久、广博深厚、高大光明，从而承载万物，覆盖万物，生成万物。

这正是天地的法则，说到底，还是由真诚的追求而达到与天地并列为三的终极目的。这使人想到诗人屈原在《桔颂》里的咏叹:“秉德无私，参天地兮!”实质上是一种巨人哲学，一种英雄主义追求。

这种哲学，这种追求在过去的时代里一直是天经地义，不容置疑的正统。直到现代主义兴起，市场经济发达，一种”非英雄化”、“非英雄主义”的思潮出现，这种哲学，这种追求才受到挑战。“参天地”的巨人是做不了了，不朽的英雄也难当了，但是否真诚的追求也不要了呢?这倒是摆在我们这个过渡的时代的一个严峻问题了。

小故事:桥下之盟

从前有一个小伙子，名叫尾生，一天这个小伙子遇到了一位姑娘并且喜欢上了她，于是和这位姑娘约定第二天在长桥相会。第二天尾生如约到了长桥，但姑娘没来，于是尾生便在长桥上徘徊着等待姑娘的出现，一个时辰过去了，两个时辰过去了，很多个时辰过去了，姑娘都还没来，这是天上下起了暴雨，不一会儿桥底的水久漫过了桥墩，渐渐淹没了尾生的身体，但尾生想到和那位姑娘有约，不能失信于人，终于没有跑走，最后他抱着桥柱被淹死了。这是我们中国很古老的一个关于诚信的故事，叫做“桥下之盟”。

第二十七章

原文

大哉圣人之道！洋洋乎[1]发育万物，峻极于天[2]。优优[3]大哉，礼仪[4]三百，威仪[5]三千。待其人[6]而后行。故曰：苟不至德，至道不凝[7]焉。故君子尊德性而道问学[8]，致广大而尽精微，极高明而道中庸，温故而知新，敦厚以崇礼。是故居上不骄[9]，为下不倍[10]。国有道[11]，其言足以兴[12]；国无道[13]，其默足以容[14]。《诗》曰[15]："既明且哲，以保其身。"其此之谓与！

注释

①洋洋乎：浩浩荡荡，含有充满美好的意思。

②峻极：高峻到极点。于：至。

③优优：宽裕充足的样子。

④礼仪：古代礼节的主要规则，又称经礼。典礼制度。

⑤威仪：古代典礼中的动作规范及待人接物的礼节，又称曲礼，指礼的细节。

⑥其人：指圣人。

⑦凝：凝聚集中，引申意为成功。

⑧道问学：道（dǎo），由，从。问学，询问及学习。

⑨居上不骄：居上，身居上位的人。骄，骄慢，骄傲。

⑩为下不倍：为下，身居下位的人。倍，通"悖"，背弃、违背。

⑪国有道：国家实行正道，指政治清明，太平盛世。

⑫兴：兴盛。振兴。另一说：兴起，引申意为得志，被朝廷任用，采纳主张。

⑬国无道：国家缺乏正道，政治黑暗，社会混乱。

⑭其默足以容：意为缄默不语，足以为执政者所容，因而也就可以远避灾祸，保全自己。默，缄默不语。容，容身，指保全自己。

⑮《诗》曰：这两句诗出自《诗经·大雅·烝民》。这是一首歌颂仲山甫（周宣王的臣子）的诗。哲：智慧，指洞察事理，意为明达。

译文

伟大啊，圣人的道。浩浩荡荡，充满天地之间，生长发育万物，与天一样崇高。充裕而又伟大啊，三百条礼仪，三千条威仪，等待圣人出现后才能实行。所以说：如果达不到崇高的德，崇高的道就不会成功。因此，君子应当尊奉德性，善学好问，达到宽广博大的宏观境界，同时又深入到精细详尽的微观之处，达到极端的高明，同时又遵循中庸之道。温习已经了解的道理，从而探究对事理新的认识，抱着朴实厚道的态度崇尚礼节。

这样，身居上位时不要骄傲，身居下位时不要背弃。国家政治清明时力争言论主张能被采纳使国家振兴。国家政治黑暗时沉默不语力求保全自身。《诗经》里说："既明达又智慧，这样才能保全自己的性命。"这句诗说的就是这个意思吧！

阅读延伸

这一章依旧是盛赞圣人之道并在其基础上提出了两个层次的重要问题。

首先是修养德行以适应圣人之道的问题。因为没有极高的德行，就不能成功极高的道，所以君子应该"尊崇道德修养而追求知识学问；达到广博境界而又钻研精微之处；洞察一切而又奉行中庸之道；温习已有的知识从而获得新知识；诚心诚意地崇奉礼节。”朱熹认为，这五句“大小相资，首尾相应”，最得圣贤精神，要求学者尽心尽意研习。其实，五句所论不外乎尊崇道德修养和追求知识学问这两个方面，用我们今天的话来说，也就是“德育”和“智育”的问题，“又红又专”的问题。我们今天实施的教育方针，也不外乎是在这两方面之外加上“体育”一项。其性质内涵自然有本质的不同，但其入手的途径却是相通的。

有了德、智两方面的修养，是不是就可以通行无阻地实现圣人之道了呢？问题当然不是如此简单。修养是主观方面的准备，而实现圣人之道还有赖于客观现实方面的条件。客观现实条件具备当然就可以大行其道，客观现实条件不具备又应该怎样做呢？这就需要“居上下骄，为下不倍”，身居高位不骄傲，“富贵不能淫，贫贱不能移，威武不能屈”的大丈夫气概。至于“国有道其言足以兴，国无道其默足以容”的态度，则是与孟子所说的“穷则独善其身，达则兼善天下”一脉相承的，都是对于现实政治的一种处置，一种适应。虽然儒家自孔子以后，基本都主张积极入世的思想，而反对以消极的态度为人处世。但是某些时候，又要学会变通，正所谓大丈夫能屈能伸，只是要把握好这一点很难，需要有非常好的道德修养。

明哲保身，方能进退自如，使自己立于不败之地。

这当然与那种“事不关己，高高挂起”的“自由主义表现”是风马牛不相及的，我们切莫把它混为一谈。

第二十八章

原文

子曰："愚而好自用①；贱而好自专②；生乎今之世，反③古之道；如此者，灾及其身者也。"

非天子，不议礼④，不制度⑤，不考文⑥。今天下，车同轨⑦，书同文⑧，行同伦⑨。虽有其位，苟无其德，不敢作礼乐⑩焉；虽有其德，苟无其位，亦不敢作礼乐焉。

子曰："吾说夏礼⑪，杞⑫不足征也；吾学殷礼⑬，有宋存⑭焉。吾学周礼⑮，今用之，吾从周⑯。"

注释

①自用：只凭自己主观意图行事，不虚心向别人求教。《尚书·仲虺之诰》："好问则裕，自用则小。"

②自专：按自己的主观意志独断专行。

③反：同"返"，引申为恢复。

④议礼：议论礼仪，指修订礼仪。

⑤制度：创立法度。制，制定。度，法度。

⑥考文：考核文字。考，考核，考订。文，文字，这里指文字的形体和笔画。

⑦车同轨：各种车子轮距的量度一样。古代制车，两轮之间的距离都有定制。轨，车子两轮之间的距离。

⑧书同文：书写的是同样的文字。

⑨行同伦：待人处事遵守同样的道德规范。伦，指伦理道德。

⑩乐（yuè）：音乐。古代天子制礼作乐，以治天下。

⑪说夏礼：说，解说，另一说为“悦”，喜爱。夏礼，夏代的礼法。

⑫杞（qǐ）：古国名，在今河南杞县。相传杞开国君主是夏禹后裔东楼公。

⑬殷礼：殷代礼法。商朝从国王盘庚迁都至殷（今河南安阳）到纣亡国，一般称为殷代。整个商朝，也称商殷或殷商。

⑭宋：古国名。商汤的后代，古城在今河南商丘县南。宋国的开国君主是商纣的庶兄微子启。

⑮周礼：周朝的礼制，是儒家赞成恢复的理想的社会制度。

⑯吾从周：我要遵从周礼。吾，孔子。孔子说的这一小段话散见于《论语》。《论语·八佾》：“夏礼，吾能言之，杞不足征也；殷礼，吾能言之，宋不足征也。文献不足故也。足，则吾能征之矣。”“周监於二代，郁郁乎文哉，吾从周。”《论语·为政》：“殷因於夏礼，所损益可知也；周因於殷礼，所损益可知也。其或继周者，虽百世，可知也。”

译文

孔子说：“愚蠢的人却又爱只凭主观意图行事；卑贱的人却又好独断专行；生活在当今时代，却偏要去恢复古代的制度，像这样的人，灾祸一定要降临在他的身上。”

不是天子，不敢议论礼制，不敢制定法度，不敢考核文字，现今天下统一，车轮的距离相同，书写的文字相同，实行的伦理道德也相同。虽然有天子的地位，但如果没有天子的德性，是不敢轻易制礼作乐的；虽然有天子的德性，但如果没有天子的地位，也不敢轻易去制礼作乐。

孔子说：“我解说夏代的礼法，但由于它的后代已经衰亡，现在只有一个杞国存在，所以不足以验证。我学习殷代的礼法，现只还有它的后代宋国保持着。我学习周代的礼法，现今正实行着它，因此，我遵从周代的礼法。”

阅读延伸

本章承接上一章发挥“为下不倍（背）”的意思。反对自以为是，独断专行，也有“不在其位，下谋其政”（《论语·泰伯》）的意思。归根结底，其实还是素位而行，安分守己的问题。

此外有一点值得注意的是，这里所引孔子的话否定了那种“生乎今之世反古之道”的人，这与一般认为孔子主张“克己复礼”，具有复古主义倾向的看法似乎有些冲突。

其实，孔子所要复的礼，恰好是那种“今用之”的“周礼”，而不是“古之道”的“夏礼”和“殷札”。因为夏礼已不可考，而殷礼虽然还在它的后裔宋国那里残存着，但毕竟也已是过去的了。所以，从本章所引孔子的两段话来看，的确不能随随便便地给他扣上”拉历史倒车”的复古主义者帽子。

第二十九章

原文

王天下有三重焉[①]，其寡过矣乎！上焉者[②]，虽善无征；无征不信；不信民弗从。下焉者[③]，虽善不尊[④]；不尊不信；不信民弗从。故君子之道，本诸身，征诸庶民，考诸三王而不缪[⑤]，建诸天地而不悖[⑥]，质诸鬼神而无疑[⑦]，百世以俟圣人而不惑[⑧]。质诸鬼神而无疑，知天也；百世以俟圣人而不惑，知人也。

是故，君子动而世为天下道，行而世为天下法，言而世为天下则。远之则有望[⑨]，近之则不厌。

《诗》曰[⑩]："在彼无恶[⑪]，在此无射[⑫]。庶几夙夜[⑬]，以永终誉[⑭]。"君子未有不如此，而蚤[⑮]有誉于天下者也。

注释

①王天下有三重焉：王（wàng），成为君王，统治天下。王是动词。三重，三件重要的事，指上章说的议礼、制度、考文。

②上焉者：指在上位的人。

③下焉者：指在下位的人。

④不尊：没有尊贵的地位。

⑤考诸三王而不缪：意为君子之道符合古代三君王立下的法则。三王，指夏禹、商汤、周文王三朝君王。缪，通"谬（miù）"，错误。诸，"之于"合音。

⑥建诸天地而不悖：指君子之道符合天地之道。建，立。悖

(bèi)，违背。

⑦质诸鬼神而无疑：《中庸》认为鬼神不疑，即是符合天道。质，证实、保证。另一说为质问、卜问。

⑧不惑：不疑惑，不反对。

⑨望：仰望，敬仰，仰慕。

⑩《诗》曰：这四句诗出自《诗经·周颂·振鹭》。这首诗是周王设宴招待来朝的诸侯时，在宴席上唱的乐歌。一说这是一首赞美宋国微子的诗。

⑪在彼无恶：彼，诸侯所在国，一说指在宋国。无恶（wù），无人憎恶。这句意为：诸侯勤于政事，本国无人憎恶。

⑥在此无射：此，周王所在地，即指朝廷。无射（yì），不厌恨。射，《诗经》里作“斁”，厌弃，厌恨。这句是说，诸侯来到朝廷朝见天子，朝廷里没有人厌恨他。

⑬庶几夙夜：庶几，差不多。夙（sù）夜，早晚，犹言早起晚睡。这句是说，各诸侯早起晚睡，勤于政事。

⑭以永终誉：永，长。终，保持。另一说：通“众”，为众的假借字。誉，荣誉，赞誉。这句是说，各诸侯能长久受到众人的称赞。

⑮蚤（zǎo）：通“早”，假借字。

译文

君王统治天下要做三件重大的事情，这就是“议礼、制度、考文”，做好了就会减少他的过失。在上位的人，品德虽好但没有验证，没有验证就不确实，不确实就不能取信于百姓。在下位的人，品德虽好，但不尊贵，不尊贵就不踏实，不踏实也不能取信于百姓。所以，君子统治天下的道理在于：要以自身的品德修养为根本，要在百姓中得到验证和信任。要用夏、商、周三代先王的礼仪制度来考查而没有谬误，树立在天地之间没有悖理的地方，卜问鬼神没有可疑的地方，等到百世以后圣人出现也不感到迷惑了。

卜问鬼神没有可疑的地方，这是了解天意；等到百世以后圣人出现不感迷惑，这是了解人意。

因此，君子的举动能世世代代成为天下的法则，君子的行为能世世代代成为天下的法度，君子的言谈能世世代代成为天下的准则。离得远的则有仰慕之心，离得近的也不会有厌恶之意。

《诗经》里说："诸侯在邦无人憎，在朝也不遭人恨。早起晚睡政事勤，众人称赞美名存。"君子没有不先做到这些却早有美名流传于天下的。

阅读延伸

这一章承接"居上不骄"的意思而发挥。要求当政者身体力行，不仅要有好的德行修养，而且要有行为实践的验证，才能取信于民，使人听从，只有这样，才能做到"远之则有望，近之则不厌"，成为老百姓的公仆。

提高到理论上来说，这一章所强调的，依然是重实践的观点。"本诸身，征诸庶民"，以自身的德行为根本，并从老百姓那里得到验证。这是主客观的结合，理论与实践的统一，用客观实践来检验自己的主观意图、见解、理论是否符合老百姓的利益与愿望。从而使自己的举止能世世代代成为天下的先导，行为能世世代代成为天下的法度，语言能世世代代成为天下的准则。

这里当然还是蕴含着儒者对伟大与崇高的向往和对不朽的渴望，也就是中国古代知识分子崇奉的立德、立功、立言三不朽追求。因为君子只有注意自我修养，才能成为天下人的典范。如果自身的修养都做不好，又怎么可能去做大事呢?

小故事：周处改过自新

周处字子隐，宜兴阳羡人。父亲周鲂，吴国鄱阳太守。周处还没到二十岁，就臂力过人，好骑马驱驰田猎，不修小节，纵情肆欲，州里乡曲的人以他为祸患。周处自己也知道为人所厌恶，便十分感慨，有改过砥砺自己的志向，对父老说："现在时政和谐年成丰收，何苦不快乐呢?"父老感叹道："三个祸害未除，哪有什么快乐呢?"周处说："指的是什么?"父老回答道："南山有白额猛虎，长桥下有鳄鱼，加上你就是三害了。"周处说："像这样的祸患，我能除掉它们。"父老说："你如能除掉三害，那就是一郡的大庆，不只是除害而已。"周处便进入深山射死了猛兽，又跳到水中与鳄鱼搏斗，鳄鱼时沉时浮，游了几十里，而周处同它一道，经过三天三夜的搏斗，人们认为周处也死了，都彼此庆贺。

他听说乡里人以为自己已死，而对此庆贺的事情，才知道大家实际上也把自己当作一大祸害，因此，自己有了悔改的心意。便到吴郡寻找陆机、陆云。当时陆机不在，见到陆云，具以实情相告，说："我想修养操行而年纪已大，恐怕来不及了。"陆云说："古代的人看重朝闻道晚上就改变过失，你前途还可以，应担心志向不立，何必忧虑美名不彰呢?"周处听后就改过自新，磨砺意志发奋好学，既有文才，又有仁义刚烈的志气，说话一定讲忠信，注意克制自己。一年后，州府交相征召。在吴国出仕，任东观左丞。孙皓末年，做无难都督，最终成为一名忠臣。

第三十章

原文

仲尼祖述①尧舜，宪章文武②，上律天时③，下袭水土④。辟如天地之无不持载⑤，无不覆帱⑥。辟如四时之错行⑦，如日月之代明⑧。万物并育而不相害⑨，道并行而不相悖⑩，小德川流，大德敦化⑪，此天地之所以为大也。

注释

①祖述：遵循前人的行为或学说。这里说孔子遵循尧舜二帝的道统。

②宪章文武：宪章，效法。这句是说效法周文王和周武王的典章制度。

③上律天时：律，遵从。天时，谓自然变化的时序。或言节气、气候，或言阴晴寒暑的变化。

④下袭水土：袭，符合。水土，犹言地理环境。

⑤辟如：同“譬如”。持载：承载。这里是说天地广博深厚没有什么不能承载。

⑥无不覆帱（dào）：覆帱，覆盖、遮盖。这里是说没有什么不能覆盖。

⑦错行：错综运行，意为流动不息。

⑧代明：交替光明，意为循环变化。代，交替的意思。

⑨并育：同时生长。相害：互相妨碍。

⑩道并行而不相悖：道，指天地之道，即四季更迭，日月交替之道。悖（bèi），违背。

⑪敦化：使万物达到敦厚纯朴的境地。

译文

孔子遵循尧、舜二帝的传统，效法周文王和周武王的典章。上遵从天时变化，下符合地理环境。好像天地没有什么不能承载，没有什么不能覆盖的。好像四季的错综运行，好像日月的交替照明。万物一起生长，互相并不妨害，天地的道同时并行，互相并不违背。小德如江河流行，不息不止，大德敦厚化育，无穷无尽，这就是天地之所以盛大的原因。

阅读延伸

天地的伟大之处，就是孔子的伟大之处。因为孔子与天地比肩，与日月同辉。这一章以孔子为典范，盛赞他的德行，为学者塑造了一个伟大、崇高而不朽的形象，使他流芳百世而成为后代人永远学习与敬仰的楷摸。这就是大成至圣先师的孔圣人。

从《中庸》本身的结构来看，这也是从理论到实际了，从中庸之道方方面面的阐述落实到一个具体的榜样上来。而榜样的力量是无穷的。

小故事：榜样的力量

北魏时清河太守房景伯是一个有名的孝子。他的母亲姓崔，知书达理，很有见识。一天，有个老妇人愁眉苦脸地来到房景伯面前，诉说自己儿子的种种不孝。房景伯听完后十分生气，立刻派人将那不孝子抓来问罪，并将这件事告诉了自己的母亲崔氏。崔氏听了，笑着说道：“老百姓没有读过什么书，不知道礼仪孝道，也没有人指教他，不必过分责怪。你把他们母子叫来，余下的就交给我来处理好了。”

第二天，房景伯把老妇人和她的儿子接到家里，交给崔氏。崔氏并没有教训那不孝子，反而很客气地对老妇人说："您远道而来一定还没有吃饭，坐下来和我们一起吃吧！"说完，对不孝子说："你站到房屋外面去。"那不孝子胆怯地退出了房屋。接着崔氏又让房景伯端菜送饭。房景伯像往常一样，很恭敬地侍奉崔氏，不敢有丝毫怠慢。到了晚上，崔氏又让老妇人和自己睡在一张床上，让不孝子站在房屋外面，看房景伯侍候两位老人。不到十天，不孝子羞愧难当，他跪在房景伯面前，承认自己错了，请求房景伯让他和他母亲一起回家。

正当房景伯准备答应时，崔氏说："这人虽然已经感到羞愧，但只是停留在表面，还没有真正觉悟。我们再留他几天吧。"不孝子只能沮丧地继续在房间外面看房景伯侍候两位老人。二十多天后，他再也看不下去了。他跪在房景伯、崔氏和他的母亲面前，一边连连磕头，一边哭喊着："娘，我错了。我保证以后一定像房大人那样做个孝顺的人！娘，您原谅我吧！跟我回去吧！"老妇人看着悔过自新的儿子，也感动得痛哭流涕。她对崔氏说："我的孩子终于知道错了，谢谢你们啊！回去以后他一定会孝顺我的。"崔氏看着这对哭得不成人样的母子，这才同意他们回家。

回家后，这不孝子果然十分孝顺自己的母亲，成了当时乡里远近闻名的孝子。

第三十一章

原文

唯天下至圣，为能聪明睿知①，足以有临②也；宽裕③温柔，足以有容④也；发强⑤刚毅，足以有执⑥也；齐庄中正⑦，足以有敬也；文理密察⑧，足以有别⑨也。

溥博渊泉，而时出之⑩。溥博如天，渊泉如渊。见⑪而民莫不敬，言而民莫不信，行而民莫不说⑫。

是以声名洋溢⑬乎中国，施及蛮貊⑭；舟车所至，人力所通，天之所覆，地之所载，日月所照，霜露所队⑮，凡有血气者，莫不尊亲⑯；故曰配天。

注释

①睿（ruì）知：聪明智慧。知，通“智”。

②有临：居上临下。临，本指高处朝向低处，后引申为上对下之称。《论语·为政》：“临之以庄，则敬。”

③宽裕：宽，广大。裕，舒缓。

④有容：容纳，包容。

⑤发强：发，奋发。强，勇力。

⑥有执：操持决断天下大事。

⑦齐（zhāi）庄：恭敬庄重。中正：不偏不倚。

⑧文理：条理。密察：详察细辨。

⑨有别：辨别是非正邪。

⑩溥博渊泉：溥博，辽阔广大。溥（pǔ），普遍，辽阔。渊泉，深潭。《列子·黄帝》："心如渊泉，形如处女。"后引申为思虑深远。而时出之：出，溢出。

⑪见（xiàn）：表现。指仪容。

⑫说（yuè）：通"悦"，喜悦。

⑫洋溢：广泛传播。

⑭施（yì）及蛮貊（mò）：施及，蔓延，传到。蛮貊，古代两个边远部族的名称。

⑮队（zhuì）：通"坠"，坠落。

⑯尊亲：尊重亲近。

译文

只有天下崇高的圣人，才能做到聪明智慧，能够居上位而临下民；宽宏大量，温和柔顺，能够包容天下；奋发勇健，刚强坚毅，能够决断天下大事；威严庄重，忠诚正直，能够博得人们的尊敬；条理清晰，详辨明察，能够辨别是非邪正。

崇高的圣人，美德广博而又深厚，并且时常会表现出来。德性广博如天，德性深厚如渊。美德表现在仪容上，百姓没有谁不敬佩，表现在言谈中，百姓没有谁不信服。表现在行动上，百姓没有谁不喜悦。

这样，美好的名声广泛流传在中国，并且传播到边远的少数民族地区。凡是车船行驶的地方，人力通行的地方，苍天覆盖的地方，大地承载的地方，日月照耀的地方，霜露降落的地方；凡有血气的生物，没有不尊重和不亲近他们的，所以说圣人的美德能与天相匹配。

阅读延伸

朱子认为"宽裕温柔""发强刚毅""齐庄中正""文理密察"分别对应仁、义、礼、智。而本章首句不说"唯天下至诚"，而说"唯天下至圣”，应不是巧合。荀子批评子思、孟子“案往旧造说，谓之五行”，而思孟学派所谓“五行”正是仁、义、礼、智、圣五德。

如果按照《中庸》二十五章“成己，仁也；成物，知也”，以及《坤卦·文言》“君子敬以直内，义以方外”，“宽裕温柔”与“文理密察”相对应，“齐庄中正”与“发强刚毅”相对应，每一组中前者为“内”，后者为“外”。其实注解本章不必拘泥于此，而是应该按照本章的顺序，“宽裕温柔”与“发强刚毅”为一组，“齐庄中正”与“文理密察”为一组。

“宽裕温柔”与“发强刚毅”，似乎前者为“外”，后者为“内”。其实“宽裕温柔”是“成己，仁也”，为“内”，“发强刚毅”是义以方外。“宽裕温柔”是“简则易从”，反求诸己而达乎其外，成己而成物，从而对外表现出“宽裕温柔”，所谓“刚反动而以顺行”。直接向外为“力”，由内而外是“德”，孟子既说恭敬之心为“礼”，又说辞让之心为“礼”，辞让之心即是由内而外。“夫坤，天下之至顺也，德行恒简以知阻”，“发强刚毅”是“恒简以知阻”。曾子曰：“自反而缩，虽千万人，吾往矣”。

“齐庄中正，足以有敬也”是“尊德性”；“文理密察，足以有别也”是“道问学”。君子敬以直内，义以方外，为善去恶为“义”，然为善去恶须知善知恶、知是知非，故“知”即包含在“义”中。《中庸》二十五章曰“成己，仁也；成物，知也”，“知”与“仁”相对，成物之“知”既“尽物之性”，也包含“尽人之性”，“义”即包含在“知”中。如果说“齐庄中正”是“敬以直内”，“文理密察”是“义以方外”，那么“齐庄中正”之“敬”不仅仅是“礼”，君子敬以直内，穷理尽性也在其中，居敬也是穷理。同样，“义以方外”之“义”不仅是为善去恶，也包含格物致知。

第三十二章

原文

唯天下至诚，为能经纶天下之大经①，立天下之大本②，知天地之化育，夫焉有所倚！肫肫③其仁，渊渊其渊④，浩浩昊天⑤。苟不固⑥聪明圣知，达天德者⑦，其孰能知之⑧？

注释

①经纶：原指在用蚕丝纺织以前整理丝缕。这里引申为治理国家大事，创制天下的法规。经，纺织的经线，引申为常道、法规。

②大本：根本大德。本，根本。

③肫肫（zhūnzhūn）：与“忳忳”同，诚挚的样子。郑玄注：“肫肫，读如‘海尔忳忳’之‘忳’。忳，恳诚貌也。”

④渊渊其渊：意为圣人的思虑如潭水一般幽深。渊渊，水深。《庄子·知北游》：“渊渊乎其若海。”

⑤浩浩其天：圣人的美德如苍天一般广阔。浩浩，原指水盛大的样子。《尚书·尧典》：“汤汤洪水方割，荡荡怀山襄陵，浩浩昊天。”引申意为广阔。《诗经·小雅·雨无正》：“浩浩昊天。”这里浩浩引申为广阔。

⑥固：实在、真实。

⑦达天德者：通达天赋美德的人。达，通达，通贯。

⑧其孰能知之：之，代词。指文中首句中“天下至诚”。

译文

只有天下至诚的人，才能成为治理天下的崇高典范，才能树立天下的根本法则，掌握天地化育万物的深刻道理，这需要什么依靠呢！他的仁心那样诚挚，他的思虑像潭水那样幽深，他的美德像苍天那样广阔。如果不真是聪明智慧，通达天赋美德的人，还有谁能知道天下地地道道的真诚呢？

阅读延伸

这一章，讲只有至诚之人，可以经纶天下之大经，立天下之大本，知天下之化育。“为天地立心，为生民立命。为往圣继绝学，为万世开太平”（张载语），也只有至诚之人可以办到。

“唯天下至诚，为能经纶天下之大经”，正如“大德敦化”，才能实现“道并行而不相悖”，反之，则如二十七章所言：“苟不至德，至道不凝”。首章曰：“中也者，天下之大本也”。“立天下之大本”，即立“中”，所谓“为天地立心”。立大本之“中”，则可以赞天地之化育。“夫焉有所倚”？“中”无所不包，才能“诚者自成，而道自道”。

《大学》曰：“诚于中，形于外”，“中”与“外”相对，即是有所倚。张横渠说：“大其心，则能体天下之物，物有未体，则心为有外。世人之心，止于见闻之狭，圣人尽性，不以见闻梏其心，其视天下，无一物非我，孟子谓尽心则知性知天以此。天大无外，故有外之心，不足以合天心”。

自孔子以来的圣贤，如孟子、子思、韩愈、程颐、朱熹、陆九渊的学问，皆是以“诚”发端，而将儒家发扬广大的。

小故事：信得过的店主

一个顾客走进一家汽车维修店，自称是某运输公司的汽车司机。

“在我的帐单上多写点儿零件，我回公司报销后，有你一份好处。”

他对店主说。但店主拒绝了这样的要求。

顾客纠缠说："我的生意不算小，会常来的，你肯定能赚很多钱!"店主告诉他，这事无论如何也不会做。

顾客气急败坏的嚷道："谁都会这么干的，我看你是太傻了。"店主火了，他要那个顾客马上离开，到别处谈这种生意去。

这时，顾客露出微笑，并满怀敬佩地握住店主的手："我就是那家运输公司的老板。我一直在寻找一个固定的、信得过的维修店，我今后常来!"

面对诱惑，不怦然心动，不为其所惑，虽平淡如行云，质朴如流水，却让人领略到一种山高海深。这是一种闪光的品格——诚信。

第三十三章

原文

《诗》曰[①]："衣锦尚絅[②]。"恶其文之著也。故君子之道，闇然而日章[③]；小人之道，的然[④]而日亡，君子之道，淡而不厌，简而文，温而理，知远之近[⑤]，知风之自[⑥]，知微之显[⑦]，可与入德矣。

《诗》云[⑧]："潜虽伏矣[⑨]，亦孔之昭[⑩]。"故君子内省不疚[⑪]，无恶于志[⑫]。君子之所不可及者，其唯人之所不见乎！

《诗》云[⑬]："相在尔室[⑭]，尚不愧于屋漏[⑮]。"故君子不动而敬，不言而信。

《诗》曰[⑯]："奏假无言[⑰]，时靡有争。"是故君子不赏而民劝[⑱]，不怒而民威于铁钺[⑲]。

《诗》云[⑳]："不显[㉑]惟德，百辟其刑之[㉒]。"是故君子笃恭而天下平。

《诗》云[㉓]："予怀明德，不大声以色。"子曰："声色之于以化民，末也。"

《诗》曰[㉔]："德輶如毛。"毛犹有伦[㉕]。"上天之载，无声无臭[㉖]。"至矣。

注释

①《诗》曰：这句诗出自《诗经·卫风·硕人》。这首诗写的是：卫庄公的夫人姜氏是一个美人。她初嫁到卫国来的那天就给了卫国人一个深刻印象。那印象就是这首诗里所描写的情况。

②衣锦尚絅：衣（yì），用作动词，穿。锦，这里指色彩华美的丝绸服装。尚，加在上面。絅（jiǒng），用麻纱制作的单罩衣。尚絅，即加上麻纱罩衣。原诗为“褧衣”。

③闇然：暗淡的样子，闇，“暗”的异体字。日章：日渐彰明。章，同“彰”。

④的然：鲜艳的样子。的（dì），鲜艳，显著，宋玉《神女赋》：“朱唇的其若丹。”

⑤知远之近：意为知道远是从近开始。

⑥知风之自：意为知道教化别人必从自己做起。风，指教化。《书·毕命》：“树之风声。”孔传：“立其善风，扬其善声。”

⑦知微之显：意为知道隐微之处对显著之处也有一定的影响。微，指隐蔽细微之处。

⑧《诗》云：这两句诗出自《诗经·小雅·正月》。这是一首揭露社会现实的诗。

⑨潜：潜藏。伏：隐匿。

⑩孔：很，甚。昭：《诗经》作“炤”，炤（zhào）与昭同，意为明显。

⑪内省（xǐng）：经常在内心省察自己。《论语·学而》：“吾日三省吾身。”疚（jiù）：原意为久病。《释名·释疾病》：“疚，久也；久在体中也。”引申为忧虑不安。《诗经·小雅·采薇》：“忧心孔疚。”

⑫无恶。引申为“无愧”的意思。志：心。《诗·关雎序》：“在心为志。”

⑬《诗》云句：这两句诗出自《诗经·大雅·抑》篇。

⑭相（xiàng）：看。在尔室：你独自一人在室。尔，你。

⑮尚：当。不愧于屋漏：意指心地光明，不在暗中做坏事或起坏念头。屋漏，屋之西北角阴暗处。毛传：“西北隅谓之屋漏。”

⑯《诗》曰：这两句诗出自《诗经·商颂·烈祖》。这首诗是商的

后代宋国在祭祀祖先时唱的乐歌。

⑰奏假：祷告，祈祷。无言：默默无声。

⑱不赏而民劝：君王不须赏赐就能使百姓受到鼓励。

⑲铁（fū）钺（yuè）：古代执行军法时用的斧子，与“斧钺”同。这里引申为刑戮。铁，铡刀。古人用以腰斩的刑具。钺，古代一种兵器。

⑳《诗》云：这两句诗出自《诗经·周颂·烈文》。这是周王在举行封侯仪式上所唱的乐歌。

㉑不显：充分显扬。不，通“丕”，大。

㉒百辟（bì）：指诸侯。刑：同“型”，法则。此为效法。

㉓《诗》云：这两句诗出自《诗经·大雅·皇矣》。这是一首史诗，叙述周朝祖先开国创业的历史。

㉔《诗》曰：这句诗出自《诗经·大雅·烝民》。德：指德的微妙。輶（yòu）：古代一种轻便车，引申意为轻。毛：羽毛。

㉕毛犹有伦：这句是说羽毛虽然轻微，但还是有东西可以类比的。伦，比也。

㉖上天：这两句诗出自《诗经·大雅·文王》。载：事。臭（xiù）：气味。这句诗的意思是说，上天化育万物的道理。没有声音和气味，世上没有什么东西可以用来形容它的高妙。

译文

《诗经》里说：“内穿锦缎，外罩麻衣。”这样做是因为讨厌锦服的文彩太鲜艳了。因此，君子为人处事的道理在于，外表暗淡无色，而内心美德才日渐彰明；小人为人处事的道理在于，外表色彩鲜艳，但时间一长便会日渐消亡，君子为人的道理还在于，外表平淡而内具意味，外表简朴而内含文采，外表温和而内有条理，知道远是从近开始，知道教化别人是从自己做起，知道细微的地方会影响到显著的地方，能够掌握以上这些道理，就可进入到圣人崇高美德的行列中去了。

《诗经》里说：“鱼儿潜伏深水中，仍然清晰看得见。”因此，君子经常在内心深处省察自己而不感到内疚，就不会有愧心。由此可知，别人不及君子的原因，大概就是因为君子能在别人看不见的地方也严格要求自己。

《诗经》里说：“看你独自在室中，心地光明应无愧。”所以，君子即使没行动时，也能怀着恭敬的态度，即使没言谈时，也能表现出他的诚实。

《诗经》里说：“默默无声作祈祷，今时不再有争执。”所以君子不须赏赐，百姓就会受到鼓励；君子不必发怒，百姓就会比看到刑戮还要畏惧。

《诗经》里说：“充分弘扬好德性，诸侯便会齐效行。”所以君子忠实恭敬，天下国家就会太平。

《诗经》里说：“文王美德我怀念，大声厉色从不用。”孔子说：“用大声厉色去感化百姓，这是没有抓住根本啊！”

《诗经》里说：“美德微妙如鸿毛。”鸿毛虽然轻微细小，但还是有东西可以类比。

《诗经》里说：“天生万物有其道，无声无味真微妙。”这才是达到了最高的境界了。

阅读延伸

这种最高的境界就是空气的境界。空气无声无色无味，谁也看不见听不到嗅不出，可是谁也离它不开。德行能到这种境界，当然是神仙至人了。可谁又能达到这种境界呢？就是孔圣人也未必就能达到吧。所以还有次一等的境界，这就是“轻如毫毛”的境界。借用诗圣杜甫的诗，是“好雨知时节，当春乃发生。随风潜入夜，润物细无声”（《春夜喜雨》，的境界。这种境界，和风细雨，沁人心脾而入人肺腑，使人在潜移默化中受到感化，这大概就是圣人的境界吧。

至于那种声色俱厉的疾风暴雨式的做法，那种强制性的劳动改造的方法，正如孔子所说：“末也！”已谈不上什么境界，不过是一种不得已而为之的手段罢了。

本章是《中庸》全篇的结尾，重在强调德行的实施。从天理到人道，从知到行，从理论到实践，从“君子笃恭”到“天下平”，既回到与《大学》相呼应的人生进修阶梯之上，又撮取《中庸》全篇的宗旨而加以概括。各段文字，既有诗为证又引申发挥。难怪得朱熹要在《中庸章句》的末尾大发感叹：“这样反复叮咛以教人的用意是多么深切啊，后世学者难道可以不用心去钻研体会吗？”的确也是如此啊！

古韵体验

Gu Yun Ti Yan

大学 · 中庸

《大学》和《中庸》两篇文章，儒家非常重视，唐代的韩愈和李翱等人，就把它们看作是与《孟子》《周易》同样重要的经书，宋代的程颢、程颐两兄弟继承了这种观点，极力推崇这两篇文章在“经书”中的地位。到南宋宋孝宗时期，理学家朱熹就抽出《礼记》中的《大学》和《中庸》，让它们同《论语》《孟子》并列，合称为“四书”。从此以后，《四书》的名称就定了下来，并且成为儒家传道授业的基本教材。

《大学》开篇就说：“大学之道，在明明德，在亲民，在止于至善。”“明明德”，就是彰显发扬光明的德性。第一个“明”字是动词，彰显、发扬的意思。第二个“明”字是形容词，“明德”就是光明美好的品德。《大学》中的“亲民”，程颐认为就是“新民”。“新民”，即是新人，它有好几重意思：作一个新人；自己如何作一个新人；如何让人革故鼎新；如何使人作一个新人等等。

《大学》的作者认为，“知止而后有定，定而后能静，静而后能安，安而后能虑，虑而后能得”。只有懂得了要达到的最高境界和要实现的目标，然后才能有确定的方向；有了确定的方向，才能做到心静不乱；心静不乱，然后才能做到神思安稳；神思安稳，然后才能认真考虑；考虑周到以后，才能有所收获。我们为人处事，如果能够抓住纲领，明确事物的本末先后，那就是懂得“大学”的道理了。人生的道理也是这样，有了远大的理想，明确的目标，奋斗起来就不会迷失方向，精神抖擞，就能克服重重困难，取得意想不到的成功。每件东西都有根本，有枝末，每件事情都有开始有终结，知道了这本末始终的程序，就接近事物发展的规律了。看完这部分后，联系实际确实是有道理的，学习和做学问都需要一个安静和平的心智，这样才能神思安稳，去思考自己所研究的问题，思虑周详问题，才能抓住问题的关键和规律。相反如果内心急躁，很难去认真全面的思考问题，并对问题进行深刻的剖析。

要达到“止于至善”的人生目标，《大学》提出的措施和方法就是“八条要目”。《大学》经文说：“古之欲明明德于天下者，先治其国；欲治其国者，先齐其家；欲齐其家者，先修其身；欲修其身者，先正其心；欲正其心者，先诚其意；欲诚其意者，先致其知，致知在格物。”

“格物”，就是明辨事物，穷究事理。“格”，是推究、穷究的意思。

“致知”，就是获取知识，充实自己。“致”，招致、获取。

“诚意”，意念诚实，不搞虚假。“正心”，端正心意，不生邪念。在曾子看来，要做到“诚意”，首要的一点就是不要自己欺骗自己。比如说厌恶污秽的气味，喜爱美好的颜色，这是人之常情，你不能颠倒黑白，自欺欺人。“正心”与“诚意”的含意差不多，只是侧重点稍有不同，诚意是意念要诚实，不要有虚假；正心是心思要端正，不要有邪念：前者强调“真”，后者强调“正”；“诚意”是不要虚情假意，“正心”是不想歪门邪道。就是保持内心的中正，就是谨守天性中的良知，不被个人的好恶所左右，不受个人感情、自私的欲望所支配，就是把握好自己的情志、心态，以保持美好的心灵，而在现实生活中，我们虽然不可能避免忿愤、恐惧、好乐、忧患等感情，但防止、克服不正当的感情、欲望还是必要的。

“修身”，就是进德修业，提高素质。“齐家”，以身示范，整顿家庭。“齐”，整齐，这里是“使之整齐”的意思。曾子认为：要想整顿好自己的家庭，其前提和关键就是修养好自身的德性，提高个人素质。

《大学》里讲的“治国”，就是推广爱心，治理国家。“平天下”，就是安定民众，统一天下。《大学》的作者认为，一个君王治国，必须以整顿好自己的家庭为基础，因为孝顺父母，恭敬兄长，事奉长者，慈爱子女，爱护民众，其中的道理都是一样的。由此可见，从“格物”、“致知”到“治国”、“平天下”，是一个从低级到高级、从扎扎实实的基础到建筑巍峨的人生大厦的阶梯形过程，一个人一生要想成就一番事业，就应该从最基础的事情做起。

儒家思想中的最高思想境界是中庸，这里的“中庸”有包容和利用的意思。就是对于一切的客观存在都予以包容，并合理使用，在具体事件，无论其性质如何，其中都深含着一定的必然意义，都应予接受。而在具体的运作中应作出恰当的选择，把握适度。就是说在具体的时间和空间条件下，作出适宜的行为。庄子在《齐物论》中认为“中庸”是这样的——“中”是原则，“庸”是实践，中庸就是知与行的统一。朱熹对中庸的理解，中庸者不偏不倚，无过不及，中庸说起来简单，可是当我们在生活中能够做到太难了。因为做到中庸就要做到不偏不倚，无过不及，在两端中寻求契合点，在动静变化中做到恰到好处，这对于现实中的 我们的确是很难的事情。

中庸的适度原则，就是要求我们必须在“过”与“不及”之间，寻求和掌握一个正确合理之点，以做到恰如其分。这种处理矛盾的方法显然是有合理因素的。因为真理之所以为真理，就在于它符合实际，恰到好处；向前多走一步或退后一步，真理就可能变成谬误。

另外，《中庸》强调“诚”，认为“诚”是现实中庸之道的关键，不管对自己，对家人，对外人都要诚实，至诚的人他的人品是诚恳的，他的思想深似潭水，他化育万物的胸襟像蓝天一样广阔，其实现实也是这样的。诚实应该是一个人的基本道德，是与人相处的重要原则，也是一个事业开始的奠基。如果没有诚信，那么自己对自己不诚实，就不会做到慎独；对别人不诚实，别人就不会相信你。

可以说，读《大学》《中庸》能够给人很多感想，虽然有时不能很深刻的理解其中的深意，但能让人体会到思想的重要性，也体会到人有一个远大的理想并为之不断付出的艰苦性。

延伸阅读

Yan Shen Yue Du

文化延伸

——与本书内容有关的图书、影视

《论语》
作者：孔子的弟子及再传弟子

研究缩影

《论语》是中国春秋时期一部语录体散文集，主要记载孔子及其弟子的言行。较为集中地反映了孔子的思想。全书共20篇、492章，首创“语录体”。南宋时，朱熹将它与《孟子》《大学》《中庸》合为“四书”。《论语》作为孔子及门人的言行集，内容十分广泛，多半涉及人类社会生活问题，对汉民族的心理素质及道德行为起到过重大影响。《论语》中所记孔子循循善诱的教诲之言，或简单应答，点到即止；或启发论辩，侃侃而谈；富于变化，娓娓动人。而且论语教给了后人如何为人处世的道理。

《孟子》
作者：孟子及其弟子

研究缩影

《孟子》一书是孟子的言论汇编，由孟子及其弟子共同编写而成，记录了孟子的语言、政治观点和政治行动，属儒家经典著作。其学说出发点为性善论，提出“仁政”“王道”，主张德治。南宋时朱熹将《孟子》与《论语》《大学》《中庸》合在一起称“四书”。《孟子》是四书中篇幅最大的部头最重的一本，有三万五千多字。有七篇十四卷传世。《孟子》行文气势磅礴，感情充沛，雄辩滔滔，极富感染力，流传后世，影响深远，成为儒家经典著作之一。

《中庸》动漫
导演：蔡志忠
地区：大陆
年代：2003年

研究缩影：

《中庸》是儒家学养之精义所在，四书之一。本部作品用动画的形式表现出来，使中庸所阐述的道理思想内容更加简单易懂。

名家链接

1.孔子

孔子（前551年—前479年），名丘，字仲尼。春秋时期鲁国人。祖籍宋国夏邑（今河南省商丘市夏邑县），出生于鲁国陬邑（今山东省曲阜市）。中国东周春秋末期著名的思想家、教育家、政治家。孔子开创了私人讲学的风气，是儒家学派的创始人。

孔子曾授业于老子，带领部分弟子周游列国十四年，晚年修订了六经（即《诗》《书》《礼》《乐》《易》《春秋》）。相传他有弟子三千，贤弟子七十二人。孔子去世后，其弟子及其再传弟子把孔子及其弟子的言行语录和思想记录下来，整理编成了儒家经典《论语》。孔子在古代被尊奉为“天纵之圣”、“天之木铎”，是当时社会上的最博学者之一，被后世统治者尊为孔圣人、至圣、至圣先师、万世师表、文宣皇帝。其儒家思想对中国和世界都有深远的影响，孔子被列为“世界十大文化名人”之首。

2.孟子

孟子（前372年—前289年），名轲，字子舆（待考，一说字子车或子居）。战国时期鲁国人，鲁国庆父后裔。中国古代著名思想家、教育家，战国时期儒家代表人物。相传孟子是鲁国贵族孟孙氏的后裔，幼年丧父，家庭贫困，曾受业于子思的学生。著有《孟子》一书。孟子继承了孔子“仁”的思想并将其发展成为“仁政”思想，成为仅次于孔子的一代儒家宗师，有“亚圣”之称，与孔子合称为“孔孟”。

经典语录

1. 知止而后有定，定而后能静，静而后能安，安而后能虑，虑而后能得。物有本末，事有终始。知所先后，则近道矣。

2. 物格而后知至。知至而后意诚。意诚而后心正。心正而后身修。身修而后家齐。家齐而后国治。国治而后天下平。

3. 苟日新，日日新，又日新。

4. 十目所视，十手所指，其严乎。

5. 心不在焉，视而不见，听而不闻，食而不知其味。此谓修身在正其心。

6. 君子贤其贤而亲其亲，小人乐其乐而利其利，此以没世不忘也。

7. 富润屋，德润身。心广体胖。故君子必诚其意。

8. 一家仁，一国兴仁；一家让，一国兴让；一人贪戾，一国作乱。其机如此，此谓一言偾事，一人定国。

图书在版编目（CIP）数据

大学·中庸/（春秋）曾子，（战国）子思子著．—
长春：北方妇女儿童出版社，2016.5（2021.2重印）
（中华国学经典全民阅读书库）
ISBN 978-7-5385-9107-1

Ⅰ.①大… Ⅱ.①曾… ②子… Ⅲ.①儒家 Ⅳ.
①B222.1

中国版本图书馆 CIP 数据核字（2016）第 077733 号

大学·中庸
DAXUE ZHONGYONG

出 版 人　刘　刚
责任编辑　吴　桐
开　　本　710mm×1000mm　1/16
印　　张　13
字　　数　165 千字
版　　次　2016 年 2 月第 1 版
印　　次　2021 年 2 月第 3 次印刷
印　　刷　三河市华晨印务有限公司
出　　版　北方妇女儿童出版社
发　　行　北方妇女儿童出版社
地　　址　长春市净月开发区龙腾国际大厦A座
电　　话　总编办：0431-81629600

定　　价　29.80 元